Amina Adil, Ramaḍān

AMINA ʿĀDIL

RAMAḌĀN

Über die heiligen Monate Rajab, Shaʿbān, Ramaḍān das Fasten, das Gebet und mancherlei mehr

SPOHR

Die Cyprus Library
Centre for the Registration of Books and Serials
verzeichnet das folgende Werk unter der

ISBN 978–9963–40–027–0

Niedergeschrieben
und aus dem Türkischen übersetzt von
Radhia Shukrullāh

5. Auflage 2017
ISBN 978–9963–40–027–0

Umschlaggestaltung: Salīm Spohr.
Druck: FontFront, Roßdorf,
Germany.

Inhalt

TEIL I
DIE HEILIGEN MONATE

TEIL II
DAS FASTEN, DAS GEBET UND MANCHERLEI MEHR

TEIL I

DIE HEILIGEN MONATE

Die Sunna des Propheten ﷺ

Wer Gott liebt, wird Seiner oft gedenken, und wer Ihn liebt, dessen wird Er sich voll Gnade und Barmherzigkeit eingedenk sein. Ihn wird Er in der Gemeinschaft Seiner Propheten und Heiligen ins Paradies einführen und ihn Seine göttliche Majestät schauen lassen.

Wer den heiligen Propheten ﷺ liebt, wird oft Heils- und Friedenswünsche für ihn aussprechen; daraus entspringt für ihn ein Segen, der wie ein fruchtbeladener Baum ist. Er wird der Fürsprache des heiligen Propheten würdig werden und mit ihm gemeinsam ins Paradies eingehen.

Der Gott wohlgefällige Gefährte Anas berichtet, der heilige Prophet – Heil und Friede seien auf ihm! – habe gesagt: »Wer meine Sunna, meinen Brauch und mein Beispiel liebt, der liebt auch mich, und wer mich liebt, der wird mit mir im Paradies sein.«

Von Ibn ʿAbbās – Allāhs Wohlgefallen auf ihm! – wird berichtet, daß der heilige Prophet gesagt habe: »Wer zu der Zeit, in der sich meine Gemeinde im Niedergang befinden wird, an einer Handlung aus meiner Sunna festhält, für den wird der Lohn von hundert Märtyrern geschrieben werden.«

Seine Gefährten fragten ihn: »O Prophet Allāhs, was ist aber der Lohn eines Märtyrers?« Der heilige Prophet antwortete: »Ein Mensch, der sein Leben für Allāh gab – das heißt, ein Märtyrer –, wird zum Fürsprecher für viertausend andere, die das Höllenfeuer verdient haben. Am Ende der Zeit, wenn meine Gemeinde zerrüttet ist, wird Allāh der Erhabene den hundertfachen Lohn dafür geben, daß man an meiner Sunna festhält.«

»Was wird dann der Lohn sein«, fragten die Gefährten, »wenn in jener Zeit auch die Farḍ-, die verbindlich vorgeschriebenen, Handlungen ausgeführt werden?« »Der Lohn dessen«, sagte der heilige Prophet, »wird unvorstellbar sein, unermeßlich nach menschlichen Maßstäben, und Allāh der Allmächtige allein weiß, was Er ihm dafür geben wird.«

Rajab

Der Monat Rajab ist der siebente Monat des islamischen Kalenders und wird der »Monat Allāhs« genannt. Wer in diesem Monat drei Tage fastet, wird aus dem Paradiesflusse trinken, den der heilige Prophet mit den Worten beschrieben hat, er wäre »weißer als Milch, süßer als Honig und kühler als Schnee«.

Es heißt auch: Wer einen Tag im Rajab, dem »Vereinigenden«, fastet, wird von Sünden rein sein wie ein neugeborenes Kind; wer zwei Tage fastet, dessen Vater und Mutter erlangen Vergebung ihrer Sünden; wer drei Tage fastet, wird vor drei großen Nöten bewahrt: der Bestrafung im Grabe, dem Tod als Ungläubiger und der Finsternis des Grabes. Wer vier Tage fastet, wird vor dem unseligen Antichristen geschützt sein. Jeder Tag, den man im Rajab fastet, bringt hohe Belohnung. Wer sechs Tage fastet, erhält den Lohn, als hätte er mit dem heiligen Propheten in der Schlacht bei Badr gestanden. Die sieben Tore der Hölle werden dem verschlossen sein, der sieben Tage gefastet hat, und wer acht Tage fastet, dem öffnen sich die acht Tore des Paradieses.

Im Monat Rajab belohnt Allāh jedes Gebet mit dem siebzigfachen Lohn: Wer ein Juz', ein Dreißigstel, des Qur'āns, des »Zu-Rezitierenden«, liest, erhält den Lohn für siebzig Juz'; für jede Gebetseinheit, Rak'a, den Lohn von siebzig Raka'āt; für eine Wiederholung des heiligen Namens den Lohn von siebzig Wiederholungen. Es wird empfohlen, während des Monats Rajab siebzigtausendmal »*Istaghfiru llāh*« – ich bitte Allāh um

Vergebung – zu beten, denn der Rajab ist ein Monat der Gnade und Vergebung. Auch wird empfohlen, dreißig Raka'āt zu Ehren dieses Monats zu beten, wann immer die Stunde günstig ist, zum Beispiel nach dem Sonnenaufgang, Ishrāq. Man betet nach der *Fātiḥa* dreimal »*Qul yā ayyuha l-kāfirūn*« (Sure 109) und dreimal »*Qul hū allāhu aḥad*« (Sure 112).

Wenn einer den gesamten Monat Rajab gefastet hat, so ruft ihm ein Engel des Himmels zu: »O Diener Gottes, die acht Tore des Paradieses stehen dir offen, tritt ein, durch welches du willst.« Es gibt auch besonders Fromme, die die gesamten drei Monate fasten, vom Anfang des Rajab bis zum Ende des Ramaḍāns. Und es ist überliefert, daß einen, der jeden Tag tausendmal »*Lā ilāha illā llāh*« und hundertmal »*Lā ilāha illā llāh, Muḥammadu r-rasūlu llāh*« wiederholt – bis zum Ende des Ramaḍāns 100000 Wiederholungen –, das Höllenfeuer nicht wird berühren dürfen. Man kann dieses Gebet auch einem anderen widmen, dem dann Sicherheit vor dem Feuer der Hölle gewährt wird.

Rajab wird mit den arabischen Lettern *rā'*, *jīm*, *bā'* geschrieben, *rā'* steht für *raḥma*, Barmherzigkeit, *jīm* für *jurm*, Schuld, *bā'* für *bir*, Gottes Gnade. Der Herr spricht: »Die Schuld Meines Dieners steht zwischen Meiner Barmherzigkeit und Meiner Gnade« – davon eingekleidet und vergeben. Das ist die Bedeutung des Gnadenmonats Rajab.

Die Nacht des Mi'rāj, des Propheten Himmelfahrt

Dies ist die Nacht zum siebenundzwanzigsten Rajab, und in dieser Nacht wurde der heilige Prophet auf dem himmlischen Pferd Burāq in das Paradies geführt. In dieser Nacht wurden auch die fünf täglichen Gebete für Muslime zur Pflicht gemacht sowie das Fasten des Ramaḍān und das Geben von Zakāt. All dies wurde dem heiligen Propheten bei seinem Besuch im sechsten Himmel gezeigt und gegeben, und daher ist es für uns eine sehr heilige Nacht. Die Pforten des Paradieses sind in dieser Nacht geöffnet, und jedes Gebet wird durch die unendliche Gnade und Barmherzigkeit des Allmächtigen erhört.

In einem Ḥadīth wird gesagt, daß man in dieser Nacht zwanzig Raka'āt beten soll:

Nach der Fātiḥa betet man »*Qul hū* ...«. Nach diesem Gebet soll man hundertmal »*Allāhumma ṣalli 'alā Muḥammadin wa 'alā āli Muḥammadin wa sallim*« und hundertmal »*Istaghfiru llāh*« sagen, dann macht man Sajda, eine Niederwerfung. Man bittet Allāh um Erfüllung aller Wünsche und Sehnsüchte im Diesseits und im Jenseits, und zu Ehren dieser hochheiligen Nacht, in welcher der Prophet ﷺ vor dem Thron des Allmächtigen stand, werden alle Gebete erhört werden. Wenn man in diesem Leben nicht das erhält, was man sich wünschte, so wird man im jenseitigen das Tausendfache davon erhalten ...

Es lebte einst in Jerusalem eine besonders fromme und gottesfürchtige Frau. Sooft der Rajab begann, zog sie ihr gewöhnliches Kleid aus und legte ein altes, härenes Gewand an. Darin verrichtete sie all ihre Gebete und ihr Fasten in diesen Tagen. Als sie nun sterben sollte, sprach sie zu ihrem Sohn am Sterbebett: »Mein Sohn, achte darauf, daß man mich in meinem Rajab-Gewand beerdigt.«

Nachdem sie verschieden war, schämte sich ihr Sohn vor den Nachbarn und Besuchern, seine Mutter, die doch recht wohlhabend gewesen war, in einem so alten und schlechten Zeug zu Grabe zu tragen, und er hüllte sie statt dessen in feines Leinen. In der Nacht nach dem Begräbnis erschien sie ihm aber im Traum und sprach: »Mein Sohn, warum hast du meine letzten Worte nicht ausgeführt?« Der Sohn erwachte voll Schrecken, nahm das alte Gewand und ging hinaus zum Friedhof. Er fand wohl das frische Grab, aber seiner Mutter Leib war nicht darin. Da fiel er auf die Erde nieder und weinte bitterlich und weinte so lange, bis er die Besinnung verlor. Da vernahm er eine unirdische Stimme, die sprach: »Wußtest du nicht, daß wir denjenigen, der unseren heiligen Monat Rajab in Ehren hält und durch Fasten und Beten zu würdigen weiß, nicht allein in seinem Grabe belassen? Wir haben deine Mutter emporgetragen und ins Paradies gebracht!« Der Sohn hörte diese Stimme und nahm sie sich zu Herzen und ging getröstet heim, obwohl er seine Mutter nicht in ihrem Grabe gefunden hatte.

Sha'bān

DIESES ist der achte Monat des islamischen Jahres, seiner Wortbedeutung nach »der Verteilende«, »der Trennende«. Es ist der »Monat des Propheten«.

Wer in der ersten Nacht dieses Monats zwölf Raka'āt betet, in jeder Rak'a nach der *Fātiḥa* fünf »*Qul hū*« (*Surat al-Ikhlāṣ*) vortragend, der erhält den Lohn von 12000 Märtyrern für sein Gebet, und seine Sünden werden vierzig Tage lang nicht aufgezeichnet werden. Wenn einer während dieser vierzig Tage stirbt, erhält er den Lohn eines Märtyrertodes. Die empfohlene Zeit für dieses Gebet ist zwischen dem Maghrib- und dem 'Ishā'-Gebet, Abend- und Nachtgebet.

Der heilige Prophet ﷺ sagte: »Wer mir folgen will und meinen Rang und Lohn erreichen will, der faste drei Tage im Sha'bān.«

Der heilige Prophet pflegte vor allem während des Monats Sha'bān zu fasten. Man fragte ihn: »Warum fastest du mit Vorliebe in diesem Monat?« Er antwortete: »Dieser Monat wird von den meisten vernachlässigt; man weiß, daß Rajab der Monat Allāhs ist, und jeder versucht im Rajab viel zu fasten. Aber im Sha'bān sagen sich viele: ›Jetzt kommt bald der heilige Ramaḍān, dann werden wir ununterbrochen fasten‹, und so wird das Fasten im Sha'bān gering geachtet. Aber der Sha'bān ist der Monat, in welchem das Buch der Geschicke geschrieben und über Wohl oder Weh im kommenden Jahr entschieden wird. Daher faste ich, damit der Herr, wenn Er das Buch meines Geschicks schreibt, mich fastend vorfindet.«

Dieses Neuschreiben der Bücher des Geschicks ereignet sich in der Nacht des fünfzehnten Sha'bān, zwei Wochen vor Beginn des Ramaḍān. Es ist dies eine sehr große, heilige Nacht.

Zwischen Maghrib und 'Ishā' dieser Nacht ist es dem Todesengel untersagt, die Seelen der Menschen zu nehmen. In dieser Nacht wird eines jeden Los im kommenden Jahr beschlossen: ob er leben wird oder sterben, ob er heiratet und Kinder haben wird, ob er reich sein wird oder arm. Deshalb wird das Fasten sowohl für den Tag vor wie für den nach dieser Nacht empfohlen.

Es ist üblich, in der Nacht des fünfzehnten Sha'bān hundert Raka'āt zu beten: Nach der *Fātiḥa* betet man zehn *Qul hū*, oder aber man betet zehn Raka'āt, in jeder Rak'a nach der *Fātiḥa* hundert *Qul hū*, aber hundert Raka'āt zu beten, ist wohl besser. Man sagt nach jeweils zwei Raka'āt Taslīm: *As-salāmu 'alaykum wa raḥmatu llāh* ... Diese Nacht des fünfzehnten Sha'bān heißt auch *Laylat al-Barā'a*, und sie ist eine der fünf Nächte des Jahres, in welcher das abgestorbene Herz zu neuem Leben erweckt wird.

Eine heilige Nacht zu durchwachen und mit Gebet zu verbringen, erweckt das Herz zu neuem Leben. Das Leben des Herzens ist der Glaube und sein Tod der Unglaube. Und wenn auch der Glaube aus der ganzen Welt verschwunden zu sein scheint, im menschlichen Herzen lebt er weiter und kann jederzeit erweckt werden. Deshalb ist es zu unserem Besten, die heiligen Nächte durch unsere Gebete zu beleben, soviel wir nur vermögen.

Es gibt fünf solcher Nächte im Jahr: die Nacht des fünfzehnten Sha'bān, *Barā'a*, die siebenundzwanzigste Nacht des Ramaḍān, *Laylat al-Qadr*, die Nächte der beiden *'Īd*-Feste und die Nacht von Donnerstag auf Freitag. Wer in diesen Nächten sein Gebet besonders pflegt, dessen Glaube wird im Herzen wiederbelebt und erhält neue Kraft.

Aber der heilige Prophet empfahl auch, nach dem fünfzehnten Sha'bān bis zum Beginn des Ramaḍān nicht mehr zu fasten – dies gilt für diejenigen, die es sich nicht zur Gewohnheit gemacht haben, jeden Montag und Donnerstag während des Rajab und Sha'bān zu fasten; für sie ist es *makrūh*, unerwünscht, nach dem fünfzehnten des Sha'bān zu fasten, denn sie sollten für den kommenden Ramaḍān, in dem sie zum Fasten verpflichtet sind, ihre Kräfte sammeln. Aber für solche, die das Fasten an diesen Tagen gewohnt sind, besteht keine Einschränkung.

Eines Tages, es war der dreizehnte des Sha'bān, erschien dem heiligen Propheten der Engel Gabriel und sprach zu ihm: »O Prophet Allāhs, bete und flehe inständig für deine Gemeinde, auf daß Allāh der Allmächtige sie vor der Hölle bewahre!« Der heilige Prophet tat, wie ihn der Engel geheißen, schlief die ganze Nacht nicht und betete ohn' Unterlaß für seine Umma. Als die Sonne aufgegangen war, kam der Engel zu ihm, lächelte und sprach: »O Prophet Allāhs, ich bringe dir ein gutes Zeichen: Allāh hat einem Drittel deines Volkes (Umma) vergeben.« Der heilige Prophet fragte: »Und die übrigen zwei Drittel?« Der Engel antwortete: »Darauf weiß ich nichts zu sagen.«

In der nächsten Nacht, der des vierzehnten Sha'bān, kam der Engel Gabriel abermals zum heiligen Propheten Muḥammad und hieß ihn wieder für seine Gemeinde beten, auf daß Allāh der Herr sie vor der Hölle errette. Der heilige Prophet betete und flehte wieder die ganze Nacht für sein Volk. Am Morgen kam der Engel zu ihm und brachte ihm Kunde, daß Allāh der Allmächtige in Seiner erhabenen Gnade sein Gebet erhört habe und ein weiteres Drittel der Gemeinde des Propheten freigelassen habe. »Und was wird aus dem dritten Drittel?« fragte der heilige Prophet. »Darüber weiß ich nichts zu sagen«, antwortete der Engel.

Aber in der dritten Nacht, der Nacht des fünfzehnten Sha'bān, kam der Engel wiederum zum heiligen Propheten und sagte: »O Muḥammad, dies ist die heilige Nacht des fünfzehnten Sha'bān, die voll unvergleichlicher Gnade ist. In dieser Nacht läßt der Herr ein Vielfaches an Barmherzigkeit auf die Menschen herab – sieh nur, richte dein Auge auf den Himmel!« Der heilige Prophet hob den Kopf und schaute hinauf zum Himmel, und es wurden ihm die geöffneten Himmelspforten gezeigt, die Tore aller acht Paradiese weit geöffnet! Vor jedem Tor stand ein torhütender Engel, und alle riefen: »O Bruder Gabriel, was ist dies für eine besondere Nacht?« »Dies ist die Nacht der Gnade und Vergebung«, sprach Gabriel zum heiligen Propheten, »drum bete die ganze Nacht hindurch und ersuche deinen Herrn um Vergebung, und heiße auch deine Gemeinde beten.«

Dann hörte der heilige Prophet den Engel des ersten Himmels, wie er sprach: »Glücklich ist der, der in dieser Nacht Buße tut.« Und er hörte den Engel des zweiten Himmels kundtun: »Glücklich ist der, der diese Nacht im Gebet verbringt.« Der Engel des dritten Himmels sprach: »Glücklich der, der in dieser Nacht Rukū' macht, Verbeugung.« Der Engel des vierten Himmels verkündete: »Glücklich der, der sich in dieser Nacht in Sajda niederwirft.« Der Engel des fünften Himmels lehrte: »Glücklich ist der, der in dieser Nacht den Herrn preist.« Und die Botschaft des Engels des sechsten Himmels lautete: »Glücklich ist der, der in dieser Nacht Gutes tut.« So lobten alle Engel des Himmels den Segen der heiligen Nacht.

Der heilige Prophet fragte den Engel Gabriel, wie lange der Segen dieser Nacht andauern würde, und der Engel antwortete: »Bis zum Anbruch der Morgenröte.« Daher sollten wir diese heilige Nacht so viel wie möglich mit Gebeten verbringen, denn *Barā'a* heißt soviel wie »Freispruch«, »Vergebung«.

Eines Nachts erwachte A'īshā', die Frau des heiligen Propheten, und fand den Propheten nicht an ihrer Seite. Sie erhob sich, um ihn zu suchen, aber fand ihn auch nicht in den Häusern seiner anderen Frauen. Dann ging sie zum Hause seiner Tochter Fāṭima und fragte nach ihm. Er war nicht dort. Sie suchten ihn gemeinsam, aber fanden ihn nirgends. Schließlich sagte sein Schwiegersohn 'Alī: »Ich weiß, wo wir ihn finden werden.« Er führte sie zu dem Platz, der jetzt der Friedhof *Jannat al-Baqī'* ist und den der heilige Prophet zu Lebzeiten oft aufsuchte. Dort fanden sie ihn in einem Winkel kauern; sie sahen sein Licht, das gleich einer Säule zum Himmel aufstieg. Sie näherten sich ihm, und Fāṭima rief ihn: »Vater, Vater ...« Aber er gab keine Antwort.

Als sie zu ihm kamen, fanden sie ihn in Sajda am Boden liegen, und Tränen strömten über sein Antlitz. Sie fielen auch neben ihm nieder und begannen zu weinen. Dann fragten sie ihn: »O Prophet Allāhs, was hast du vernommen? Ist es eine Offenbarung oder die Ankündigung einer Katastrophe, einer Gottesstrafe, oder steht der Feind vor den Toren?« »Nein«, antwortete ihnen der heilige Prophet, »weder Offenbarung noch Feind, noch Gottesstrafe, aber wisset: Diese Nacht ist die Nacht von *Barā'a*, Vergebung, und kein Gebet und keine Bitte werden in dieser Nacht unerhört bleiben. Ich bitte Allāh darum, daß Er meine Gemeinde vor der Hölle schütze, kommt und helft mir darum beten ...« So beteten sie alle gemeinsam in dieser Nacht, 'Alī, Fāṭima, Ḥasan, Ḥusayn und 'Ā'isha, und verharrten im Gebet bis zum Anbruch der Dämmerung.

Wir, die wir kaum imstande sind, für uns selbst zu beten, sollen der Gebete dieser reinen, heiligen Seelen würdig sein? Möge Allāh uns vergeben und ihnen tausendfachen Segen zuteil werden lassen und Gnade und rechte Leitung der ungehorsamen Gemeinde Muḥammads ﷺ.

Ramaḍān

»Der Monat Ramaḍān,
in welchem der Qur'ān herabgesandt wurde
als eine Leitung für die Menschen und als Zeugnis
der Leitung und Unterscheidung.«
(Die Kuh, 2:185)
Über diesen großen, feierlichen Monat sagte
der heilige Prophet: »*Sein Anfang ist Barmherzigkeit,*
seine Mitte Vergebung und sein Ende eure
Errettung vor dem Feuer der Hölle.«

Als an einem Freitag der heilige Prophet die Kanzel, Minbar, bestieg, um die Predigt des Jum'a, Freitagsgebets, zu geben, betrat er die erste Stufe. Als sein anderer Fuß die zweite Stufe berührte, sagte er vernehmbar »*Āmīn*«. Er bestieg die dritte Stufe und sagte wiederum »*Āmīn*«. Und als er auf der dritten Stufe zu stehen kam, sagte er noch einmal »*Āmīn*«.

Nachdem er die Khuṭba gegeben und das Jum'a-Gebet gebetet hatte und die Jum'a-Gemeinde sich verlaufen hatte, erhob sich sein Gefährte 'Umar und fragte: »O Rasūlullāh, als du die Stufen des Minbars bestiegst, hörten wir dich dreimal »*Āmīn*« sagen; was ist der Grund dafür gewesen?«, denn sie wußten alle, daß jede Handlung des heiligen Propheten eine Bedeutung hat. Der heilige Prophet gab zur Antwort: »Als ich die erste Stufe bestieg, erschien mir der Engel Gabriel mit dem Befehl meines Herrn. Er gab mir den Friedensgruß, *Salām*, und sagte: ‚Wenn jemand deinen Namen erwähnt, ohne Heil- und Friedenswünsche – *ṣalāt wa salām* – hinzuzufügen, so soll er erniedrigt werden (wörtlich: seine Nase in den Staub getreten werden).‹ Darauf sagte ich ›*Āmīn*‹. Als ich auf der zweiten Stufe zu stehen kam, war der Engel bereits zum siebten Himmel und zurück geflogen und hatte neuen Befehl vom Herrn der Welten gebracht. Er sprach: ›O Prophet Allāhs, wenn einer seine Eltern nicht zufriedenstellt und ihnen nicht wohlgefällig ist, so wird er erniedrigt werden.‹ Darauf erwiderte ich abermals ›*Āmīn*‹.« – Dies ist ein sehr wichtiger Punkt: Auch wenn die Eltern keine Muslime sind, muß man danach trachten, sie zufriedenzustellen. Der Sohn ist zwar nicht verpflichtet, sie zu ihrer Kirche hinzubringen, aber er muß sie abholen und sie notfalls auf seinem Rücken heimtragen. Er muß den Wein nicht vor sie hinstellen, so sie ihn verlangen, aber er muß ihnen das Glas abnehmen, wenn sie diesen Dienst von ihm fordern. Diese Dienste können die Eltern mit Recht von ihrem Kind beanspruchen.

»Dann«, fuhr der heilige Prophet fort, »als ich die dritte Stufe erklommen hatte, erschien der Engel ein weiteres Mal und sagte: ›Wenn ein Mensch den Ramaḍān erlebt, er aber in diesem Monat keine Gnade für sich erlangen kann, so ist es um ihn geschehen.‹ ›*Āmīn*‹, antwortete ich auch darauf.« – »Denn Ramaḍān ist der Monat der Gnade und Vergebung Allāhs des Erhabenen, und wer in diesem Monat keine Vergebung erlangt, der ist verloren«, sprach der heilige Prophet.

Der »segnende« heilige Ramaḍān ist ein Monat der Gnade. Jede Stunde, von der ersten Stunde des ersten Tages an, werden 300 000 Sünder aus der Hölle entlassen. Wenn auch ihre Verfehlungen groß waren, so verzeiht Allāh der Allmächtige ihnen doch zu Ehren des heiligen Monats und des Respekts, den sie den Fastenden entgegengebracht und der Dienste, die sie diesen geleistet haben. Bis zur heiligen Nacht *Laylat al-Qadr*, der Nacht der Macht, wird eine ungeheuer große Zahl die Gnade Allāhs erlangt haben. Wem es trotzdem nicht gelungen ist, vor Gott in dieser Zeit Gnade zu finden, der hat in der Tat viel verwirkt.

Der heilige Prophet sagte auch: »Wer am Jum'a, Freitag, hundertmal *ṣalāt wa salām* (Heil- und Friedenswünsche) auf den Propheten ausspricht, dem gibt der Herr am Jüngsten Tage ein Licht, das die ganze Versammlung am Platz der Auferstehung beleuchten wird. Und wer den heiligen Monat Ramaḍān mit freudigem Herzen begrüßt und ihn herbeisehnt, dessen Körper wird von dem Feuer der Hölle nicht berührt.«

In einem *Ḥadīth qudsī* sagt Allāh der Erhabene: »In der ersten Nacht des Ramaḍān spricht der Erhabene: Wer Uns liebt, den lieben auch Wir; wen nach Uns verlangt, nach dem verlangen auch Wir; Wer Uns um Vergebung ersucht, dem vergeben Wir zu Ehren des Monats Ramaḍān.«

Im Ramaḍān ergeht der Befehl des Herrn an die »Schreiber« unter den Engeln, daß sie nur die guten Taten der Fastenden aufzeichnen und nicht ihre bösen und daß sie die Sünden vom Register löschen.

Des heiligen Propheten Gefährte 'Abbās berichtet, daß der heilige Prophet gesagt habe: »Wüßte meine Gemeinde, wie groß der Segen des Ramaḍān ist, wie viele Sünden darin vergeben und wieviel Gnade und Lohn darin gespendet werden, sie würden wünschen, der Ramaḍān dauerte das ganze Jahr an, und sie verbrächten den gesamten Monat in Anbetung und Gottesdienst.«

Der heilige Prophet sagte: »Jeden verlangt nach dem Paradies. Das Paradies aber verlangt nach viererlei Leuten: nach denen, die den Koran lesen (*Ḥāfiẓ* oder Vortragende), nach denen, die die Armen speisen, denen, die im heiligen Ramaḍān fasten, und solchen, die ihre Zunge vor bösen Worten zu hüten wissen.«

»*O ihr, die ihr glaubt, vorgeschrieben ist euch das Fasten, wie es den Früheren vorgeschrieben ward: Vielleicht werdet ihr gottesfürchtig.*« (Die Kuh, 2:183)

Allāh der Allmächtige hat das Fasten für uns verbindlich gemacht wie für diejenigen, die uns vorausgingen. Das Paradies sehnt sich nach denen, die fasten. Für jede gute Tat und jedes Gebet belohnt Allāh den Gläubigen, und der Lohn, den er empfangen wird, ist in den Ḥadīthen oft und ausführlich beschrieben. Nur den Lohn des Fastens hat Allāh der Erhabene nicht bekanntgemacht, denn Er sagt:

»Das Fasten ist Mein, und Ich bin es, der es belohnt. Der Fastende enthält sich der Lust, des Essens und des Trinkens um Meinetwillen. Fasten ist wie ein Schutzschild, und der gefastet hat, wird zwei Freuden kennen: die Freude des Fastenbrechens und die Freude der Begegnung mit seinem Herrn. Und der Geruch, der dem Munde des Fastenden entströmt, ist nach Allāhs Befinden besser als der Geruch von Moschus ...« (*Ḥadīth qudsī*, nach AL-BUKHĀRĪ)

So hoch also wertet Allāh den Verdienst des Fastenden, und sogar sein Schlaf wird ihm als Gottesdienst angerechnet.

Ein anderes *Ḥadīth qudsī* besagt: »Jede gute Tat, die ein Mensch vollbringt, tut er für sich, außer dem Fasten: Das ist für Mich, und Ich bin es, der es belohnt.«

Jedes Gebet, jede fromme Handlung, die ein Muslim ausführt, tut er für sich, das Fasten aber ist eines der Geheimnisse Allāhs, und das Fasten allein ist eine nicht sichtbare Form der Verehrung. Jeder kann beim Gebet, beim Koran-Lesen, bei einer Pilgerfahrt usw. gesehen werden, aber das Fasten ist verborgen, und nur Allāh weiß es, und Allāh allein weiß auch seinen Lohn.

Der heilige Prophet ﷺ sagte: »Am Tage des Gerichts wird einer Schar von Seelen Flügel gegeben, und sie lassen sich auf der Mauer des Paradieses nieder. Die Torhüter des Paradieses fragen erstaunt: ›Wer seid ihr?‹ ›Wir gehören zur Gemeinde des Propheten Muḥammad‹, werden sie antworten. ›Seid ihr denn gerichtet worden?‹ fragen die Hüter des Paradieses. ›Nein‹, antwortet die geflügelte Schar. ›Habt ihr die Brücke des *Ṣirāṭ* gesehen?‹ fragen die Engel weiter. ›Nein‹, werden sie antworten. ›Wie kommt ihr zu diesem hohen Rang?‹ fragen die Engel. ›Wir übten auf Geheiß Allāhs eine geheime Form der Anbetung, (i. e. das Fasten), und so hat Er uns auf geheimem Wege hierhergebracht ...«

Der heilige Prophet hat auch gesagt: »Mir und meiner Gemeinde hat Allāh der Allmächtige *fünf* Dinge gegeben, die keiner Gemeinde vor der meinigen gegeben wurden:

Deren *erstes* ist der Blick der Gnade, den Allāh in der ersten Nacht des heiligen Ramaḍān auf sie wirft; wer von diesem Blick erfaßt wird, den wird die ewige Strafe nicht berühren.

Das *zweite* ist, daß Allāh Seinen Engeln geboten hat, für die Gemeinde Muḥammads um Vergebung zu bitten.

Das *dritte*: Der Geruch, der dem Munde eines Seiner fastenden Knechte entströmt, ist Ihm lieblicher als Moschus oder Ambra.

Das *vierte*: Allāh der Erhabene hat zu Seinem Paradiese gesagt: ›O Paradies, schmücke dich festlich, denn Mein fastender Knecht ist auf dem Weg zu dir.‹

Und *fünftens* wird Er einem jeden der Gemeinde Muḥammads Verzeihung dafür gewähren, daß er ›*Lā ilāha illā llāh, Muḥammadu r-rasūlu llāh*‹ gesprochen hat.«

Eines Tages sprach der Prophet Mūsā عليه السلام zum Herrn: »O mein Herr und Gott, wie reich hast Du mich mit Gaben und

Vorzügen bedacht; Du sprichst unmittelbar zu mir, ohne einen Mittler – kann es einen höheren Grad an Nähe und Vertrautheit mit Dir geben? Ist's möglich, daß Du irgendeinen Menschen mit höheren Ehrungen bedacht hast als mich?« Der Herr antwortete ihm und sprach:

»O Mūsā, es ist wahr, Ich spreche ohne Mittler zu dir, aber wisse, daß sich zwischen Mir und dir siebzigtausend Schleier befinden. Am Ende der Zeiten aber werde Ich einen Propheten zu einer sehr schwachen Gemeinde entsenden, und sein Name wird Muḥammad sein, der Geliebte Allāhs. Dieser Gemeinde werde ich einen Fastenmonat auferlegen. Wenn sie ihr Fasten allabendlich brechen, werde Ich so viel Gunst und Gnade auf sie herabsenden, o Mūsā, daß zwischen Mir und ihnen nur ein einziger Schleier bestehen bleibt. Dieser Schleier ist der Schleier des Todes.« Wäre es möglich, den allmächtigen Herrn der Welten und das Paradies in diesem Leben zu erblicken, so geschähe dies demjenigen, der den heiligen Ramaḍān fastet und *Āyat al-Kursī* (2:255) liest. »Wohl ergeht es denen, o Mūsā, die um Meinetwillen ihren Hunger ertragen und deren Lungen vor Durst schier verbrennen! Ich, dein Herr und Gott, bin diesen Knechten näher noch als dir, o Mūsā!«

Der große Heilige Dāwūd aṭ-Ṭā'ī schlief einmal während des Ramaḍāns am Tage ein. Er sah einen Traum: Sich selbst sah er an einem Fluß des Paradieses sitzen, dessen Ufer aus grünem Smaragd bestand und in welchem Kiesel aus rotem Rubin lagen. In seiner Nähe befanden sich die Jungfrauen des Paradieses, Huris genannt, deren Antlitz so hell wie die Sonne strahlt.

Er betrachtete sie voll Erstauen und sagte: »*Lā ilāha illā llāh, Muḥammadu r-rasūlu llāh*!« Sie antworteten ihm mit den nämlichen Worten und stellten sich ihm vor: »Wir sind als Frauen denen bestimmt, die im Ramaḍān fasten und beten und *Tasbīḥ* (Lobpreis Gottes) und *Sajda* (Niederwerfung) machen.« Diese Huris tragen jeweils siebzig Gewänder, eins über dem anderen, und jedes Gewand ist von einer anderen Form und Farbe, aber wunderbarerweise verdeckt ein Gewand nicht das nächste, sondern alle sind gleichzeitig sichtbar. Die Huris thronen auf herrlichen Sesseln aus Rubin und Smaragd und ruhen auf goldenen, perlenübersäten Liegen. Vor ihnen, auf Tischen ausgebreitet, stehen viele Teller und Schalen voll köstlicher Speisen und Getränke.

»Dies ist das Mahl für die, die im Ramaḍān gefastet haben, und dieses Paradiesgelage ist nur für sie zubereitet«, sagen die Huris, die auf ihren Gemahl warten ...

Ibn ʻAbbās berichtet, daß der heilige Prophet gesagt habe: »In der ersten Nacht des Monats Ramaḍān erhebt sich ein Wind unterhalb des göttlichen Thrones. Dieser Wind weht durch die Wälder des Paradieses, und das Laub an den Ästen seiner Bäume wird davon berührt und beginnt zu rascheln. Dieses Rascheln aber ist von einer solchen Melodie und Süßigkeit, daß sogar die Huris, deren Stimmen an Lieblichkeit alles übertreffen, überrascht aufschauen und einander befragen, woher nur diese süßen Töne kommen mögen. Eine Stimme antwortet ihnen: »Es ist die erste Nacht des heiligen Ramaḍān, und ein Wind voll göttlicher Gnade hat sich erhoben und regt die Bäume in den Gärten, die der Gemeinde Muḥammads gehören, die nun das Fasten des Ramaḍān beginnt ...« Da sprechen die Huris ein Gebet und sagen: »O Herr, daß wir doch denen Deiner Diener angehören möchten, die in diesem heiligen Monat fasten ...«

Von Ibn ʻAbbās wird auch berichtet, daß er den heiligen Propheten hat sagen hören: »Wer in der ersten Nacht des Ramaḍāns aufsteht (um zu beten), dessen Herz wird Allāh zu neuem Leben erwecken.« So wie einer die Nacht durch seine

Gebete und Übungen belebt, so wird Allāh sein Herz wiederbeleben, wenn es gestorben ist.

Wenn die Sichel des jungen Ramaḍānmondes erscheint, rufen all die Engel um den Thron Gottes voll Freuden aus: »Welch großes Glück für die Gemeinde Muḥammads! *Ṭūbā li ummati Muḥammad!* Welch ein Segen, diesen heiligen Monat erleben zu dürfen!« Sonne, Mond und Sterne, die Fische im Meer und die Vögel in der Luft, alles, was von Gott geschaffen ist und zwischen Himmel und Erden Leben hat, preist den Herrn und erbittet Vergebung für die Gemeinde Muḥammads und für die, die das Fasten einhalten. Einzig und allein Schaitan, der verfluchte Satan, schreit auf vor Schmerz und Zorn, da er zusehen muß, wie soviel Gnade und Vergebung auf die Sünder herabgesandt wird, die er schon für seine sichere Beute gehalten hatte. Aber Allāh vergibt in diesem Monat allen Menschen und befiehlt seinen Engeln, all ihre Gebete, ihr Fasten und ihre Anrufungen der Gemeinde Muḥammads zu stiften.

Der heilige Prophet hat gesagt: »In der ersten Nacht des Ramaḍān werden alle Teufel und Dschinn in Fesseln geschlagen und gebunden, so daß sie das Fasten der Muslime nicht stören können. Die sieben Tore der Hölle werden auch verschlossen bis zum Ende des heiligen Ramaḍān.«

Die acht Tore des Paradieses werden dann geöffnet, und in jeder Nacht ruft der Herr dreimal: »Wer von Mir etwas wünscht, dessen Wunsch werde ich erfüllen; wer sich zu Mir bekehrt, dessen Bekehrung nehme Ich an; wer von Mir Vergebung erbittet, dem werde Ich vergeben und vor der Hölle bewahren.«

Des Propheten Gefährte ʿUmar berichtet vom heiligen Propheten: »Wenn einer aus meiner Gemeinde in einer Nacht des Ramaḍān erwacht und sich in seinem Bette rührt, dann sprechen zwei Engel an seiner Lagerstatt zu ihm: ›Auf, auf, o

Knecht Gottes, denn Allāh der Allbarmherzige wünscht dir von Seiner Gnade und Vergebung zu gewähren und dich zu segnen – drum erhebe dich!‹ Wenn dieser Mensch nun aufsteht, beginnt ihn sein Bett zu loben und betet für ihn: ›O Allāh, gib ihm ein Lager und eine Ruhestatt im höchsten Paradies!‹ Er beginnt sich anzukleiden, und seine Kleider segnen ihn: ›O Herr, bekleide ihn mit den Gewändern des Paradieses!‹ Wenn er in seine Schuhe schlüpft, segnen ihn diese und sagen: ›O Herr, festige seinen Schritt und laß ihn nicht auf der Brücke des Ṣirāṭ ausgleiten!‹ Nimmt er sodann einen Krug oder ein Gefäß, um seine Waschung vorzunehmen, so betet das Gefäß für ihn: ›Herr, gib ihm Paradieskrüge, damit er sich reinigen kann!‹ Er beginnt sich zu waschen (*Wuḍū'*), und das Wasser leistet Fürbitte: ›O Herr, so wie das Wasser seinen Mund reinigt, so reinige Du ihn von aller Sünde!‹ Wenn er dann zwei Raka'āt des Gebets betet, bittet sein Haus für ihn: ›O Allāh, sollte sein Grab eng für ihn werden, so weite es ihm und mache es zu einem Ort der Gnade, nicht der Strafe!‹ Wenn er dann betet, schaut Allāh der Allmächtige auf ihn mit dem Blick der göttlichen Barmherzigkeit und spricht: ›O Mein Knecht, du bist Mein Diener, und Ich bin dein Gott und Herr. Dein ist das Bitten, und Mein ist die Antwort, dein ist der Wunsch, und Mein ist die Erfüllung, dein ist es, um Vergebung zu flehen, und Mein ist es, sie zu gewähren.‹ So spricht Allāh zu Seinem Knecht.«

Allāh sprach zu Seinem Propheten Mūsā auf dem Berge Sinai und sagte: »Ich habe der Gemeinde Muḥammads zwei Lichter gegeben, um damit zweierlei Dunkelheit zu beleuchten.« Mūsā fragte den Herrn: »Welches sind die zwei Lichter?« Der Herr antwortete: »Das eine ist das Licht des Ramaḍān, das andere das Licht des Korans.« Mūsā fragte dann: »Und welches sind die zweierlei Finsternisse?« Der Herr sprach: »Die eine ist die

Finsternis des Grabes, die andere die des Jüngsten Tages. Wer den Koran liest, dessen Grab wird beleuchtet sein, und wer den Ramaḍān fastet, der wird am Jüngsten Tage Licht haben.«

Das Tarāwīḥ-Gebet

'ALĪ, des heiligen Propheten Schwiegersohn, sprach über die Vortrefflichkeit des Tarāwīḥ-Gebetes, welches auch zu der Sunna des heiligen Propheten gehört. Er sagte: »Wer in der *ersten* Nacht des Ramaḍān das Tarāwīḥ-Gebet verrichtet, der wird rein und bar jeglicher Schuld wie ein neugeborenes Kind.

Wer das Tarāwīḥ-Gebet in der *zweiten* Nacht betet, dessen Vater und Mutter erlangen Vergebung, sofern sie Muslime waren.

Wer in der *dritten* Nacht Tarāwīḥ betet, dem bringt ein Engel vom Thron Gottes die Freudenbotschaft, daß er nun geläutert sei und Allāh ihm all seine vergangenen Sünden vergeben habe.

Wer in der *vierten* Nacht betet, für den schreibt Allāh den Lohn für das Lesen aller heiligen Schriften, Thora, Evangelien (*Injīl*), Psalter (*Zabūr*) und Koran (*Qur'ān*).

Wer in der *fünften* Nacht Tarāwīḥ betet, der erhält soviel Verdienst, als habe er in der heiligen Moschee *Masjid al-Aqṣā* in Jerusalem oder in Medina gebetet.

Für das Gebet in der *sechsten* Nacht erhält er den Lohn, als habe er *Ṭawāf* um das heilige Himmelshaus, *Bayt al-Ma'mūr*, gemacht, und alle Steine und der Staub der Erde beten für ihn und leisten Fürbitte seinethalben.

Wer in der *siebenten* Nacht Tarāwīḥ betet, der erhält soviel, als hätte er zur Zeit des Propheten Mūsā gelebt und wäre sein Helfer gegen Pharao gewesen.

Für das Tarāwīḥ-Gebet in der *achten* Nacht wird er belohnt, wie der Prophet Ibrāhīm von seinem Herrn belohnt wurde.

In der *neunten* Nacht erhält er für das Tarāwīḥ-Gebet soviel Segen, als habe er gemeinsam mit dem heiligen Propheten Muḥammad gebetet.

Für das Tarāwīḥ-Gebet in der *zehnten* Nacht teilt ihm Allāh der Allbarmherzige alles Gute in diesem und dem nächsten Leben zu.

Wenn einer in der *elften* Nacht des Ramaḍān Tarāwīḥ betet, so wird er sündenfrei die Welt verlassen, rein wie ein neugeborenes Kind.

Wer in der *zwölften* Nacht Tarāwīḥ betet, dessen Antlitz wird am Tag des Gerichts leuchten wie der volle Mond.

Wer in der *dreizehnten* Nacht betet, der wird vor allen Übeln und Teufeln beschützt werden.

Wer in der *vierzehnten* Nacht Tarāwīḥ betet, für ihn treten die buchführenden Engel als Fürsprecher ein und sagen: ›O Herr, dieser Mensch hat Tarāwīḥ gebetet‹, und seine Prüfung am Jüngsten Tag wird ihm leicht gemacht werden.

Wer in der *fünfzehnten* Nacht Tarāwīḥ betet, für den bitten die Engel des göttlichen Thrones und des Thronsaales um Vergebung.

Wer in der *sechzehnten* Nacht betet, dem verspricht der Herr Sicherheit vor dem Feuer der Hölle und verheißt ihm Eingang in das Paradies.

Für das Tarāwīḥ-Gebet in der *siebzehnten* Nacht des Ramaḍān gibt ihm Allāh den Lohn der Propheten.

In der *achtzehnten* Nacht ruft ein Engel aus himmlischen Höhen: ›Dir, Knecht Gottes, frohe Botschaft! Der Herr hat an dir Sein Wohlgefallen und an deinen Eltern auch!‹

In der *neunzehnten* Nacht erlangt er die Würde, zu den Bewohnern des Höchsten Paradieses *Firdaws-i ʿālā* zu gehören.

In der *zwanzigsten* Nacht gibt ihm Allāh den Lohn der Märtyrer und Gerechten.

In der *einundzwanzigsten* Nacht erbaut der Herr für ihn ein Paradieshaus aus lauterem Licht.

In der *zweiundzwanzigsten* Nacht erreicht er, daß er am Jüngsten Tag ohne Gram und Leiden, mit freudigem Herzen zum Platz des Gerichts geführt wird.

Für sein Tarāwīḥ-Gebet in der *dreiundzwanzigsten* Nacht belohnt ihn Allāh mit einem herrlichen Palast im Paradies.

Wenn er in der *vierundzwanzigsten* Nacht Tarāwīḥ betet, erhört Allāh vierundzwanzig seiner Bitten in dieser Nacht.

Für das Gebet in der *fünfundzwanzigsten* Nacht wird ihn Allāh im Grabe von Strafe befreien.

Wer in der *sechsundzwanzigsten* Nacht Tarāwīḥ betet, erhält den Lohn von vierzig Jahren Gebet.

Wer in der *siebenundzwanzigsten* Nacht Tarāwīḥ betet, wird die Brücke des Ṣirāṭ mit Blitzesschnelle überqueren.

Für das Gebet in der *achtundzwanzigsten* Nacht wird sein Rang im Paradies tausendfach erhöht.

In der *neunundzwanzigsten* Nacht gibt ihm der Herr den Lohn von eintausend heiligen Streitern.

In der *dreißigsten* Nacht spricht der Herr selbst zu ihm und sagt: ›O Mein Diener, iß von den Früchten des Paradieses und labe dich an seinen Flüssen, denn Ich bin dein Herr und Gott, und du bist Mein geliebter Knecht.‹«

Es lebte einmal ein Mann mit Namen Muḥammad, der elf Monate lang weder fastete noch betete. Wenn aber der Ramaḍān gekommen war, da wusch er sich, legte neue Kleider an und parfümierte seinen Bart, begann zu fasten und betete die Gebete des ganzen vergangenen Jahres nach. Man fragte ihn nach dem Grund für seine Handlung. Er antwortete: »Dieser

Monat Ramaḍān ist der Monat der Buße und der Vergebung, der Gnade und des besonderen Segens. Ich vertraue darauf, daß mein Herr mir all meine Sünden in diesem Monat vergibt; darum bete ich immer im Ramaḍān.«

Es geschah, als dieser Mann Muḥammad gestorben war, daß er einigen seiner Freunde im Traum erschien. Sie fragten ihn alle: »Wie ist es dir ergangen? Wie hat der Herr an dir gehandelt?« Und sie bekamen alle zur Antwort: »Allāh der Allerbarmer hat mir meine Sünden vergeben, dafür, daß ich den heiligen Ramaḍān in Ehren hielt.«

Anas bin Mālik berichtet, daß der heilige Prophet gesagt habe: »Wer im heiligen Monat Ramaḍān die Gesellschaft von Gottesgelehrten sucht, der wird für jeden Schritt, den er auf diese Versammlung zu tut, den Lohn der Gebete eines ganzen Jahres erhalten, und er wird am Tage der Auferstehung mit mir zusammen vor dem Thron der Gnade zu stehen kommen. Und wer den ganzen Monat Ramaḍān hindurch alle Gebete in der Gemeinschaft, Jamā'a, betet, dem wird Allāh der Erhabene für jede Gebetseinheit, Rak'a, eine Stadt im Paradies bescheren, angefüllt mit unbeschreiblichen Wonnen. Und wer im Ramaḍān das Wohlgefallen seiner Eltern erlangt, auf den fällt der Blick der Gnade Allāhs des Allbarmherzigen. Und ich bin sein Gewährsmann: Er wird im Paradies sein!«

Eine Frau, deren Ehemann im Ramaḍān mit ihr zufrieden ist, empfängt den Lohn der Maryam, Mutter 'Īsās عليه السلام, und des Pharaos Gattin Asiya.

Wenn jemand im Ramaḍān die Not eines Muslims lindert, so wird Allāh eintausend seiner Bedürfnisse erfüllen.

Abū Hurayra berichtet, er habe vom heiligen Propheten gehört: »Wenn jemand im Ramaḍān ein Licht (eine Lampe) in der Moschee anzündet, so wird Allāh für ihn ein Licht in seinem Grabe scheinen lassen und ihm den Lohn all der Gebete zuschreiben, die in der von seinem Licht beleuchteten Moschee gebetet werden. Die Engel beten für ihn, und die den Thron Gottes tragen, bitten für ihn um Vergebung, solange sein Licht dort brennt.«

Die heilige Nacht: Laylat al-Qadr

Die heiligen Schriften wurden alle im Monat Ramaḍān herabgesandt. Die Seiten der Offenbarung, die der Prophet Ibrāhīm عليه السلام erhielt, kamen am ersten Tage des Ramaḍān. Ebenso wurde fünfhundert Jahre später die Thora am ersten Ramaḍān empfangen. Dāwud عليه السلام erhielt den Psalter, Zabūr, in der zwölften Nacht des Ramaḍān. Eintausendeinhundert Jahre später, in der achtzehnten Nacht des Ramaḍān, wurden die Anājīl, die Evangelien, ʻĪsā عليه السلام geoffenbart.

Die Offenbarung des heiligen Qur'ān fand in der *siebenundzwanzigsten* Nacht des Ramaḍān sechshundertzwanzig Jahre danach statt. Daher wird diese Nacht besonders gefeiert, und man nimmt an, daß sie die »Nacht der Macht«, *Laylat al-Qadr*, ist.

»Siehe, wir haben ihn
in der Nacht al-Qadr hinabgesandt.
Und was läßt dich wissen, was die Nacht al-Qadr ist?
Die Nacht al-Qadr ist besser als tausend Monde.
Hinab steigen die Engel und der Geist (Gabriel) in ihr
mit ihres Herrn Erlaubnis zu jeglichem Geheiß.
Frieden ist sie bis zum Aufgang der Morgenröte.«
(Surat al-Qadr, 97)

Die Geschichte Samsuns

Bezüglich der Sure *al-Qadr* gibt es eine Überlieferung, derzufolge der Engel Gabriel eines Tages dem heiligen Propheten erschien und ihm folgende Geschichte erzählte:

»Es lebte vor Zeiten im Lande Israel ein frommer und gottesfürchtiger Mann, den seine Eltern schon als Kind dem Dienst des Herrn geweiht hatten. Dieser Mann hieß Samsun, und Allāh hatte ihm ungewöhnlich große Kraft verliehen, so daß er im Einzelkampf gegen eine große Überzahl seiner Feinde siegte.

Worin das Geheimnis seiner großen Kraft lag, wußte niemand außer ihm selbst. Er bekämpfte unermüdlich die Feinde Israels, und seine einzige Waffe war der Kieferknochen eines Kamels. Damit erschlug er Tausende von Ungläubigen; in seiner Hand wurde der Knochen zum Schwert. Außerdem diente ihm der Kamelknochen als Nahrungsquelle, denn sooft ihn hungerte, erschien zwischen den Zähnen dieses Kieferknochens gebratenes und geröstetes Fleisch, und wenn er durstig war, entsprang den Zähnen kühles, klares Wasser. So hatte er auch Wasser für seine Waschungen, und in der Nacht diente ihm der Knochen als Leuchte.

Samsun verbrachte viele Wochen und Monate allein in der Wüste und war durch die Gnade Allāhs unabhängig von menschlicher Gesellschaft. Er verbrachte seine Nächte im Gebet und fastete die Tage und kämpfte volle tausend Monate gegen die Ungläubigen. Keiner konnte ihn besiegen, denn der Schutz Allāhs war auf ihm, und wer erhebt die Hand gegen Allāh!

Eines Tages ging Samsun in eine Stadt und sah dort eine Frau, die er begehrte. Sie war aber eine der Ungläubigen. Er nahm sie trotzdem zum Weibe und lebte eine Zeitlang mit ihr. Diese Frau hatte den Namen Dalila. Die Ungläubigen glaubten nun eine Gelegenheit gekommen und wandten sich an die Frau Samsuns: ›Wir werden dich reich belohnen, ein Sack voll Gold soll dein sein, wenn du uns deinen Mann Samsun gefesselt auslieferst.‹ Dalila antwortete: ›Wie soll ich das tun? Ich bin nur ein schwaches Weib, und ihr erwartet von mir eine Tat, die nicht einmal die stärksten Krieger vollbringen konnten?‹ Da gaben ihr die Fürsten der Ungläubigen ein starkes Seil und sagten: ›Binde ihn damit, wenn er schläft, und rufe uns dann.‹ Sie war einverstanden, nahm das Seil, und als Samsun sich nach langem Gebet endlich zur Ruhe begeben hatte, fesselte sie ihn an Händen und Füßen.

Nach einiger Zeit aber erwachte Samsun und regte sich, um seine Waschungen zu vollführen. Er streckte sich nur ein wenig, so wie Schläfer es im Bette tun, und die Seile sprangen ihm von Hand und Fuß, als seien sie nichts als Spinnweben. Samsun erstaunte sich und fragte: ›Wer hat mich hier gebunden?‹ Dalila sah, daß ihr Plan versagt hatte, und griff zur List. ›Ich war es, o Samsun‹, sagte sie, dabei verführerisch lächelnd: ›Ich wollte wissen, wie stark du wirklich bist.‹ Samsun lächelte und vergaß den Vorfall.

In der nächsten Nacht gab man Dalila Ketten aus Eisen, um Samsun damit zu binden, und sie tat es, während er schlief. Aber als er sich streckte, um zum Gebet zu gehen, rasselten die Ketten zu Boden und barsten wie Tonscherben. ›Was ist das?‹ rief Samsun aus. ›Wer hat mich in Ketten gelegt?‹ ›Ich war es‹, sagte Dalila wieder, ›ich mußte wissen, wie groß deine Stärke ist, und ich muß sagen, du bist wirklich gewaltig stark. Gibt es denn nichts, was dich binden könnte?« Da antwortete er ihr: ›O Dalila, ich bin ein besonders geweihter Knecht Gottes, und Sein Licht strahlt in meiner Brust und fließt in meinen Adern. Dieses Licht verbrennt alle Fesseln und Ketten der Welt, und es gibt nichts, womit mich meine Feinde binden könnten – das Licht des Herrn macht all ihre List zu Staub und Asche.‹ Dalila sah, daß er in redseliger Laune war, und versuchte es auszunutzen. ›So gibt es also gar nichts, keine Kraft in der ganzen Welt, die dich überwinden könnte?‹ fragte sie weiter. Samsun antwortete: ›Es gibt ein Mittel, aber kein Mensch weiß davon, denn es ist ein Geheimnis. Meine Kraft liegt in meinen Haaren, die noch nie geschoren wurden. Wenn man mich mit meinen eigenen Haaren fesselt, so werde ich kraftlos und schwach wie ein Kind.‹ Nun wußte Dalila, was sie zu tun hatte. In der nächsten Nacht, als Samsun schlief, schnitt sie sein langes Haupthaar ab und flocht es zu Zöpfen. Mit diesen Zöpfen band sie ihn dann an Hand und Fuß und rief die Wächter. Samsun erwachte und konnte sich nicht von seinen Fesseln befreien.

So fanden ihn seine Feinde vor, hilflos gefesselt in seinem Bett, und trugen ihn fort. Dalila bekam ihren Sack voll Gold und den Fluch Allāhs dazu.

Die Fürsten der Ungläubigen veranstalteten ein großes Freudenfest in ihrer Feiertagshalle, ein Gebäude, das auf vielen Säulen stand. Samsun wurde zwischen zwei Säulen gebunden, und während die Ungläubigen frohlockten und sich betranken, stach man ihm als erstes die Augen aus, dann fügte man ihm vielerlei Qualen zu und ließ ihn zwischen den Säulen verbluten. Als er dem Tode nahe war, erschien ihm der Engel Gabriel und sprach zu ihm: ›Allāh ist mit dir, Samsun, sei getrost. Er hat geruht, dich zum Rang der Propheten zu erhöhen. Wünsche dir von Ihm, was du willst, er wird dich erhören.‹ Samsun betete und sagte: ›Daß der Herr mich wiederherstellen und mir meine einstige Kraft wiedergeben möge, auf daß ich all Seine hier versammelten Feinde verderbe.‹ Der Engel sagte: ›Siehe, Samsum, dein Haupthaar ist wieder gewachsen, damit ist dir deine Kraft zurückgegeben.‹

Samsun fühlte die Kraft in seine Glieder zurückkehren, rüttelte an seinen Ketten und stemmte sich gegen die beiden Säulen, zwischen die er gebunden war. Die Säulen gaben nach, das ganze Gebäude stürzte ein und begrub unter sich das ganze Festgelage, so daß kein einziger lebend entkam.

Allāh gab Samsun auch sein Augenlicht wieder, und Samsun zog aus und kämpfte wiederum tausend Monate gegen die Feinde Allāhs.« – Tausend Monate sind aber dreiundachtzig Jahre und vier Monate.

Als der heilige Prophet seinen Gefährten diese Geschichte erzählt hatte, waren sie betrübt. Er sah, daß sie bedrückt waren, und fragte sie, was sie an dieser Erzählung so traurig stimmte.

Da antworteten sie ihm: »O Rasūlullāh, wir, die Gemeinde des letzten Propheten, was sind wir doch ein schwaches Volk! Dieser Held Samsun, von dem wir soeben vernommen haben, ihm verlieh Allāh der Allmächtige solche Lebenskraft und Stärke, daß er volle zweitausend Monate, das sind zweimal dreiundachtzig Jahre, Ihm dienen und auf Seinem Wege gegen die Ungläubigen streiten konnte! Während wir, wenn wir das Alter von achtzig Jahren erreicht haben, uns kaum von unserem Sitz erheben können. Wir empfinden es als Schmerz und bitteren Verlust, daß uns dieser Lohn versagt bleibt.«

Der heilige Prophet senkte das Haupt und antwortete nicht sogleich. Als er den Kopf wieder hob, war der Engel Gabriel mit einer Offenbarung zu ihm gekommen, und der heilige Prophet teilte seinen Gefährten die Sure der »Macht« (*al-Qadr*, Sure

97) mit. Der Prophet war darüber voller Freude. Denn diese Sure sagte, daß die Offenbarung des heiligen Qur'ān in der Nacht der Macht begonnen hatte, das heißt, in dieser Nacht der heilige Qur'ān von der wohlverwahrten Tafel *al-lawḥ al-maḥfūẓ* in der Göttlichen Gegenwart auf die Erde herabgesandt wurde. »*Und weißt du, was sie ist, die Nacht der Macht? Diese Nacht ist kostbarer als eintausend Monate* ...«, spricht Allāh, und diese kostbare Nacht hat Er der Gemeinde Muḥammads gegeben und ihnen zum Geschenk gemacht.

Welches ist nun diese heilige Nacht? Man nimmt allgemein an, es sei die siebenundzwanzigste Nacht des Ramaḍān, weil dies die Nacht der Offenbarung des Qur'ān ist, aber genau weiß man es nicht. Es könnte jede ungerade Nacht sein, die erste, dritte, siebte, mit größerer Wahrscheinlichkeit aber eine der letzten ungeraden Nächte dieses Monats. Allāh der Allmächtige hat dieses Wissen verborgen gehalten; Er hat diese hochheilige Nacht im Monat Ramaḍān verborgen, damit jeder Tag des Ramaḍān geehrt werde. Ebenso hat Er den allerheiligsten Namen im Qur'ān verborgen, denn wüßte einer diesen Namen, so würde er nach nichts weiterem verlangen; so aber, wenn einer den ganzen Qur'ān gelesen hat, hat er damit auch den allerheiligsten Namen gelesen. Auch Seine Heiligen und auserwählten Freunde hat Er in der Menge des gemeinen Volkes verborgen, damit man einen jeden Seiner Diener ehrt und niemanden verachtet, denn man kann nicht wissen, ob nicht gerade der, von dem man es am wenigsten vermutet, einer der Heiligen ist.

In dieser Nacht der Macht befiehlt Allāh der Allmächtige Seinen Erzengeln *Jibrīl*, *Mīkā'īl* und *Isrāfīl*: »Macht euch bereit!« Jeder dieser Erzengel versammelt dann eine Schar von siebzigtausend Engeln, die wiederum ein jeder siebzigtausend weitere Engel befehligen, und mit wehenden Fahnen steigen die Engelsheere dann auf die Erde herab. Eine ihrer Fahnen ist die »Fahne des Lobes«, unter der am Jüngsten Tage der Prophet Muḥammad ﷺ seine Gemeinde versammeln wird; die zweite Fahne ist die »Fahne der Güte«, die dritte ist die »Fahne der Vergebung« und die vierte die »Fahne der Gnade«. Die »Fahne des Lobes« wird zwischen Himmel und Erde aufgestellt, die »Fahne der Vergebung« auf der ehrwürdigen Kaaba, die »Fahne der Gnade« auf des Propheten Muḥammads Grab in Medina und die »Fahne der Güte« auf dem heiligen Haus in Jerusalem. Nachdem die Engel diese Fahnen aufgestellt haben, gehen sie auf Erden umher und entbieten den Friedensgruß. Sie grüßen alle Gläubigen in dieser Nacht. Sie besuchen die Häuser, in denen Muslime wohnen, und grüßen deren Bewohner. Manchen Häusern erteilen sie von außen ihren Gruß und gehen weiter. Andere Häuser betreten sie und geben ihre Salāms, dann gehen sie weiter. Wieder andere Häuser betreten die Engel und begrüßen deren Bewohner sehr herzlich, und wieder andere Muslime werden von den Engeln umarmt und ans Herz gedrückt. So besuchen sie die Gläubigen der ganzen Erde.

Welches sind nun die Wohnungen, welche die Engel nur von außen grüßen? Dies sind Häuser, in denen sich ein Hund befindet oder alkoholische Getränke oder auch Bilder. Damit sind nicht gewöhnliche Abbildungen wie etwa Kinderbilder oder überhaupt Photographien usw. gemeint, sondern solche Bilder oder Statuen, die Abgöttern gleich verehrt werden. Solche Häuser werden von den Engeln der Gnade nicht betreten, sie geben lediglich von draußen ihren Gruß und gehen ihres Weges. Die Häuser, die sie zwar betreten, aber nach kurzem Gruß wieder verlassen, sind die Häuser von Schlafenden. Die Bewohner sind sich der heiligen Nacht nicht bewußt, keiner wacht und betet, und die Engel geben ihren Friedensgruß und ziehen weiter. Eine dritte Gruppe von Wohnungen, in welche die Engel eintreten und die Bewohner herzlich begrüßen, sind die, in denen *Dhikr* und *Tasbīḥ*, Lobpreis Gottes, gemacht wird. Und die Häuser, in denen gebetet wird, dort treten die Engel ein und umarmen die Betenden, und Allāh selbst entbietet ihnen den Friedensgruß.

Eines Tages sann der heilige Prophet über den Zustand seiner Gemeinde, und er begann zu weinen, so daß ihm die Tränen über den gesegneten Bart rannen und auf die Erde tropften. »Wie werden sie nur am Jüngsten Tage bestehen können – wird Allāh ihnen ihre Sünden vergeben, oder werden sie für die Hölle bestimmt sein?« Er weinte um seiner Gemeinde willen vom Tage seiner Geburt dreiundsechzig Jahre lang bis zur Stunde seines Todes. Und er rief: »O 'Azrā'īl, Engel des Todes, strafe meine Gemeinde nicht, strafe mich lieber statt ihrer.« 'Azrā'īl sprach zum heiligen Propheten: »O höchster Prophet Allāhs, ich habe Anweisung, die Seelen der Gläubigen deiner Gemeinde so zu nehmen, wie ich sonst nur die Seelen der Propheten nehme: etwa, wie man ein Haar aus der Butter entfernt.«

Als der Prophet nun wieder um seiner Gemeinde willen weinte, kam der Engel Gabriel zu ihm und sprach: »O Prophet Allāhs, der Herr verspricht, deiner Gemeinde all das zu geben, was Er den vergangenen Propheten gegeben hat – mit Ausnahme des Prophetenranges. Bis auf diesen Rang will Er ihnen dieselbe Gunst und Gnade erweisen. Denn Er sprach: ›Friede sei auf Nūḥ in den Welten‹, und gab ihm außer dem Friedensgruß auch das Prophetentum und errettete ihn vor der Sintflut, und Er sprach: ›Friede sei auf Mūsā und Hārūn‹, und gab ihnen Seinen Frieden und machte sie siegreich über Pharao und sicher vor seinen Machenschaften. Dann sprach Er: »Friede sei auf Ibrāhīm‹ – auch Ibrāhīm gab Er Seinen

Frieden und schützte ihn vor dem Feuer Nimrods und dessen Verderben. Nun entsendet Er mich (Gabriel wird auch ›Ruḥ‹, Geist, genannt) in dieser heiligen Nacht der Macht mit Frieden für deine Gemeinde, und wem Er Seinen Frieden sendet, auf den sendet Er auch Seine Gnade; gebt ihnen also diese freudige Botschaft. ›O Mein Geliebter‹, spricht Allāh, ›sei nicht um deine Gemeinde betrübt, denn Ich werde ihnen hohen Rang und Würde verleihen, wenn sie diese Welt verlassen!‹«

So unermeßlich sind die Segnungen des heiligen Monats Ramaḍān.

Der heilige Prophet soll gesagt haben: »Wer in der heiligen Nacht der Macht dreimal die *Shahāda* sagt, der erhält drei Geschenke von Allāh dem Allmächtigen: Alle vergangenen Sünden werden ihm vergeben, Er wird ihn fest im Glauben begründen, und Er wird ihn weiterhin auf dem Pfad der Frommen leiten.«

Der I'itikāf

DIE FRAU des heiligen Propheten, 'Ā'isha, möge Allāh mit ihr zufrieden sein, berichtet: »Wenn einer mit aufrichtiger und reiner Absicht in den letzten zehn Tagen des Ramaḍān *I'itikāf* – Absonderung, Rückzug – in der Moschee ausübt, so wird ihm Allāh der Allmächtige alle Sünden vergeben.«

'Ā'isha berichtete auch: »Der heilige Prophet pflegte sich in den letzten zehn Tagen des Ramaḍān zum I'itikāf in die Moschee zurückzuziehen, bis zu seinem Todesjahr. ›Und er gebot auch seinen Frauen, sich in ihren Häusern zurückzuziehen und nicht auszugehen.‹«

Wenn auch nur einer aus einer ganzen Stadt diesen Rückzug ausübt, so ist es für alle Einwohner dieser Stadt ausreichend. Die Übung des I'itikāf bedeutet, daß man sich von allem Weltlichen streng zurückzieht, mit niemandem spricht und die Moschee nur zu den notwendigen Waschungen verläßt. Man fastet und betet, liest Qur'ān, macht Dhikr und Tasbīḥ, Gedenken und Lobpreis Gottes, und kommt erst zum 'Īd-Gebet hervor. Selbstverständlich ist man während dieser Tage von aller weltlichen Arbeit befreit. Es werden andere beauftragt, sich um das Essen zu kümmern und für die den I'itikāf Ausübenden zu sorgen.

Für Frauen ist der I'itikāf auch erlaubt und angesagt. Wenn eine Frau sich auch nur einen Tag im letzten Drittel des Ramaḍāns absondern kann, ist es lobenswert. Wenn auch dies nicht möglich sein sollte – wegen Haushalt und Kindern –, so ist auch schon eine Stunde genug. Zum Beispiel kann sie nach dem Saḥūr-Mahl, dem morgendlichen Fastenbeginn, sich zum Gebet begeben und vor Allāh die Intention zum I'itikāf aussprechen. Dann mag sie beten, was sie will, Tahajjud, Tasbīḥ, Dhikr oder ähnliches, und ihre Intention wird ihr angerechnet werden und sie vor dem Höllenfeuer bewahren.

Wenn der Ramaḍān zu Ende geht

Vom heiligen Propheten wird berichtet, er habe gesagt: »In der letzten Nacht des Ramaḍān versammeln sich alle Himmelsbewohner und weinen über das Unglück, das über die Gemeinde Muḥammads hereinbricht.« Seine Gefährten fragten ihn: »Was ist dieses Unglück, o Prophet Allāhs?« »Das Unglück ist dies«, antwortete der heilige Prophet, »daß der Ramaḍān zu Ende geht, und mit ihm all die Segnungen, die er der Menschheit bringt.«

Himmel und Erde weinen darob, daß der Ramaḍān vergangen ist, während wir doch eigentlich die sind, die weinen sollten, uns aber bedecken die Schleier der Achtlosigkeit, und wir wissen von nichts. Im Ramaḍān werden alle Gebete erhört, und jedes Almosen, Ṣadaqa, das man spendet, jede Form des Gebetes zählt ein Vielfaches mehr als sonst. Die Sünden werden vergeben und die Strafe der Sünder aufgehoben. Wenn ein Mensch im Ramaḍān stirbt, wird er unmittelbar ins Paradies getragen, ohne die Strafe des Grabes ertragen zu müssen. Gelobt sei Allāh der Erhabene, der uns diesen heiligen Monat beschert hat!

Die Zakāt al-Fitr

Die *Zakāt al-Fitr* ist eine Spende, die jeder Muslim zu zahlen hat, auch wenn er den Ramaḍān nicht hat fasten können. Sie ist für jeden verbindlich und besteht aus einem gewissen Maß an Weizen, Rosinen oder dergleichen oder dessen Entsprechung in der jeweiligen Währung. Diese *Fitra* muß vor dem ʻĪd-Gebet entrichtet und kann bereits nach dem fünfzehnten Ramaḍān gegeben werden. Die Höhe wird jedes Jahr bestimmt und von den Moscheen bekanntgegeben. Wenn ein Kind vor dem ʻĪd-Gebet geboren wird, muß auch für dieses Kind Fitra geleistet werden. Man gibt dieses Geld oder die Spende an einen Armen seiner Bekanntschaft oder an den Imām, der die Spende zu verteilen weiß. Diese Fitra ist mit der Sajda der Vergeßlichkeit zu vergleichen, die man ausführt, wenn man einen Fehler in seinem Gebet gemacht hat oder etwas vergessen hat. In derselben Weise, wie die Sajda das Gebet vervollständigt, so ergänzt auch die Fitra das Fasten des Ramaḍān und macht all unsere eventuellen Fehler und Verstöße gegen das Fasten gut: einen falschen Blick oder ein falsches Wort oder einen unguten Gedanken.

Das Fasten hat zwei Flügel: Der eine Flügel ist unser Fasten, der andere die Fitra, die wir geben. Wenn wir das Geben der Fitra vernachlässigen, bleibt unser Fasten in der Luft hängen und kann sich nicht in die Göttliche Gegenwart emporschwingen. Wenn wir die Fitra entrichtet haben, geben wir unserem Fasten den zweiten Flügel, und es erreicht damit den Thron des Allmächtigen.

Eines Tages kam der Gefährte ʿUthmān, möge Allāh mit ihm zufrieden sein, zum heiligen Propheten ﷺ und sagte: »O Prophet Allāhs, ich habe vergessen, die Fitra vor dem ʿĪd-Gebet zu geben. Als ich aber von dem Gebet kam und mich erinnerte, habe ich einen Sklaven freigelassen und zusätzlich zu der Fitra tausend Goldstücke gespendet. O Prophet Allāhs, wird Allāh meine Spende annehmen?« Der heilige Prophet antwortete: »O ʿUthmān, und wenn du auf dem Wege Allāhs hundertmal soviel gespendet hättest, wenn du hunderttausend Sklaven und hunderttausend Sklavinnen freigelassen und eine ganze Welt voll Silber und Gold gespendet hättest, es hat alles nicht den Wert der Fitra, die vor dem ʿĪd-Gebet geleistet wird, denn die Zakāt al-Fitra ist Farḍ, heilige Pflicht.«

Wenn nach dem ʿĪd-Gebet die Muslime heimgehen, spricht der Herr zu Seinen Engeln: »O Meine Engel, wenn ein Arbeiter seine Pflicht getan hat, muß er für seine Mühen entlohnt werden. Meine Diener haben gehorsam einen ganzen Monat gefastet, jetzt kommt die Zeit, da Ich sie belohne.« Die Engel antworten: »O erhabener Herr und Gott, hast Du ihnen nicht schon so viel Gnade und Segen während des Ramaḍāns erteilt, was könnte ihnen noch an Lohn fehlen?« Da spricht Allāh der Herr zu ihnen: »Meine Engel, der Segen, den Ich ihnen für jeden Fastentag gab, war nur ein Ehrengeschenk, nicht aber ihr Lohn. Bei Meiner göttlichen Allherrlichkeit, Ich werde sie lohnen mit dem, *›was kein Auge je gesehen, kein Ohr je gehört und kein Menschenherz sich je erdacht‹* (*Ḥadīth qudsī*).«

ʿĀʾisha, die Frau des heiligen Propheten, berichtet, der heilige Prophet habe gesagt: »Am Jüngsten Tag wird alles Volk auferweckt werden, und alle werden hungern und dürsten, außer den Propheten und ihren Angehörigen und den Muslimen, die im Rajab, Shaʿbān und Ramaḍān gefastet haben; sie werden weder Hunger noch Durst verspüren.«

Der heilige Prophet sagte: »Das Fasten des Ramaḍān und das Lesen des Qur'āns werden am Tag der Auferstehung Fürsprecher für die Muslime sein. Der Ramaḍān wird sagen: ›O Allāh, Dein Knecht enthielt sich all' meine Tage der Speise, des Tranks und seiner Gelüste, darum gib ihn mir!‹ Der Qur'ān wird sagen: ›Herr, dieser Deiner Knechte versagte sich den Schlaf in den Nächten, um in mir zu lesen; darum gib ihn mir jetzt!‹ Allāh der Allgütige wird ihre Fürsprache annehmen und diesen Diener in die Glückseligkeit einführen.«

Wenn der Jüngste Tag gekommen ist, verleiht der Herr dem Ramaḍān eine Gestalt, so wie alle Gebete eine Form annehmen. Dem Ramaḍān wird eine wunderschöne Gestalt gegeben, so daß alle, die auf ihn blicken, vor Erstaunen sprachlos sind. Er bewegt sich durch die Reihen der auferstandenen Seelen, bis er vor den Thron der Allherrlichkeit gekommen ist, und dort fällt er in Anbetung nieder. Allāh, der Herr des Gerichts, spricht dann zu ihm: »O Ramaḍān, sage, was du von Mir wünschest, Ich werde es dir gewähren.« Der Ramaḍān sagt dann: »O Allāh, mein Gott, ich wünsche mir, daß Du mir all diejenigen gibst, die während meiner Tage gefastet haben und mich in der Aufrichtigkeit ihres Herzens geachtet haben.« Der Herr spricht dann zum Ramaḍān: »Geh zum Feld von 'Arafāt; dort findest du all die, die gefastet haben und deinen wahren Wert zu schätzen wußten. Geh hin und bringe sie alle zu Mir!« Der Ramaḍān geht zum Feld von 'Arafāt, findet jene, die gefastet haben, und bringt sie vor die Göttliche Gegenwart. »O Ramaḍān, sind es diese, die deinen wahren Wert gekannt haben?« – Den wahren Wert des Ramaḍān kennen bedeutet, daß man nicht ißt, während ein anderer hungrig ist, daß man seine Zunge zu hüten weiß vor böser Rede und Verleumdung, daß man sich in acht nimmt vor allem, was unerlaubt ist, sein Auge vor dem Blick auf Verbotenes, seine Hand vor dem Griff nach Unrechtem hütet. Die solches aus Gottesfurcht unterlassen, die haben den wahren Wert des Ramaḍān erkannt. Von ihnen spricht Allāh, wenn Er den Ramaḍān nun fragt: »O Ramaḍān, was soll Ich Meinen Dienern bescheren?« Der Ramaḍān antwortet Allāh und sagt: »O Herr, bekleide sie mit den Gewändern des Paradieses und setze ihnen die Krone der Größe aufs Haupt.«

Allāh gewährt Seinen Dienern all dieses und macht sie zudem zu Fürsprechern für je siebzig Personen, die das Höllenfeuer verdient haben. Er gibt ihnen siebzigtausend Huris zu Gemahlinnen und läßt sie auf dem Burāq, dem himmlischen geflügelten Pferd, über die Brücke des Ṣirāṭ reiten, schneller als der Blitz. Dann spricht Allāh: »O Ramaḍān, was wünschst du noch, daß Ich diesen Dienern gebe?« »O Allāh, daß sie doch im Höchsten Paradiese die Nachbarn der seligen Propheten sein mögen! Mein Gott, alles, was ich ihnen wünschen kann, ist dies; aber Deine Güte und gnadenvolle Barmherzigkeit sind unermeßlich, so gib ihnen, was Deiner Herrlichkeit und göttlichen Majestät entspricht.«

Allāh belohnt sie dann aus Seiner unendlichen Schatzkammer und gibt einem jeden tausend Schlösser aus Rubin und Smaragd und tausend Städte mit je tausend prächtigen Wohnstätten im Paradies. Dieses Glück wird von ewiger Dauer sein.

Die sechs Tage des Shawwāl

Auf den Ramaḍān folgt der Monat Shawwāl. Wer sechs Tage im Shawwāl, dem »Aufhebenden«, fastet, erhält einen ungeheuer großen Lohn. Der heilige Prophet sagte: »Wenn der Ramaḍān vorbei ist, freut sich das Nafs des Menschen; die Zügel sind gelockert, Essen und Trinken bei Tag sind wieder erlaubt so wie auch, das Eheleben zu genießen. Zu dieser Zeit das Fasten wieder aufzunehmen, kommt einem Jihād, einem heiligen Krieg gegen das Ego, gleich.«

Dieser Kampf gegen das Nafs ist viel größer und schwerer als während des Ramaḍāns, in welchem das Fasten für alle Muslime verbindlich ist. Darum wird das freiwillige Fasten und Zügelanlegen im Shawwāl so hoch belohnt, Allāh der Allmächtige allein weiß, wie hoch.

Der Grund für die sechs Fastentage des Shawwāl ist dieser: Im heiligen Qur'ān steht geschrieben:

»Er ist's, der die Himmel und die Erde in sechs Tagen erschuf, worauf Er sich auf den Thron setzte.« (Das Eisen, 57:4)

Die Weltenschöpfung fand in den sechs Tagen des Monats Shawwāl statt, Himmel und Erde wurden in der ersten Woche des Shawwāl geschaffen. Der heilige Prophet sprach: »Wer die sechs Tage des Shawwāl fastet, dessen Lohn ist gleich der Anzahl der Dinge, die Er in diesen Tagen erschuf.«

Der heilige Prophet sagte auch: »Wer die dreißig Tage des Ramaḍān fastet, dessen Fasten hat den Wert von dreihundert Tagen. Wer die sechs Tage des Shawwāl dazu fastet, dessen Fasten beträgt dreihundertsechzig Tage, das heißt, es ist, als habe er das ganze Jahr gefastet, denn an fünf Tagen ist das Fasten verboten: am *'Īd* des Ramaḍān und an den vier Tagen des 'Īd des Ḥajj, *'Īd al-Aḍḥā.*«

Und der heilige Prophet sprach: »Der menschliche Körper hat dreihundertsechzig Glieder. Wenn der Tod sich naht, gibt Allāh der Allmächtige jedem einzelnen dieser Glieder einen ihm eigenen Schmerz, und kein Schmerz gleicht dem anderen. Würde Allāh einem Glied die ganze Todespein auferlegen, so ginge die gesamte Schöpfung daran zu Grunde – Allāh hat aber den Schmerz des Todes an alle Glieder einzeln verteilt. – Wenn nun einer den Ramaḍān und die folgenden sechs Tage des Shawwāl gefastet hat, so gibt ihm Allāh diesen Lohn: Wie einen an einem sehr heißen Sommertage ein kühler Schluck Wasser gar köstlich erfrischt, so wird der Tod für denjenigen sein, der die sechs Tage des Shawwāl gefastet hat: wie kühles Wasser an einem heißen Sommertag.«

Der heilige Prophet sagte: »Allāh hat einen Engel mit vierfachem Antlitz erschaffen. Von einem Antlitz zum anderen liegt eine Wegstrecke von tausend Jahren. Mit einem seiner Gesichter macht er Sajda bis zum Jüngsten Tage, und sein Mund spricht: ›Gepriesen seist Du, Herr, wie gewaltig ist Deine Schönheit!‹ Sein zweites Gesicht ist der Hölle zugewandt und sagt: ›Weh denen, die dort eingehen!‹ Das dritte Gesicht schaut ins Paradies und sagt: ›Große Freude den hier Eintretenden!‹ Das vierte Gesicht blickt zum Thron des Allbarmherzigen und spricht: ›Herr, Dir (allein) gebührt alles Lob, strafe nicht von der Gemeinde Muḥammads, wer den Ramaḍān fastend verbrachte!‹«

Nun gibt es drei Stufen des Fastens: die des gewöhnlichen Volkes, die der besonders Berufenen und die der Auserlesenen unter den besonders Berufenen. Worin besteht das Fasten des gewöhnlichen Volkes?

Man enthält sich des Essens, des Trinkens und der geschlechtlichen Lust bis zum Sonnenuntergang.

Das Fasten der besonders Berufenen besteht aber darin, daß sie zusätzlich über all ihre Glieder wachen, auf daß ihr Auge und Ohr nichts Verbotenes wahrnimmt, ihre Zunge kein böses oder lügenhaftes Wort spricht, ihre Hand nach nichts Verbotenem greift und ihr Fuß sie nicht an unerlaubte Stätten trägt.

Die Auserlesenen unter den besonders Berufenen erlegen aber auch ihrem Herzen ein Fasten auf: Sie tragen nichts im Herzen außer ihrem Gott; kein Gedanke an die Welt trübt ihre Andacht, und mehr noch: Weder das Diesseits noch das Jenseits kann ihre Herzen von der Betrachtung der Göttlichen Allgegenwart abwenden. Diese Stufe ist aber den Propheten und Heiligen vorbehalten, und sie sind es, von denen gesagt wurde, daß sie am Jüngsten Tage die Fürsprecher für siebzigtausend Menschen sein werden.

Am Tage des Gerichts werden alle Seelen auferstehen und fünfzigtausend Jahre lang vor dem Herrn der Welten stehen, und sie werden großen Hunger und Durst verspüren. Dann wird man die erkennen, die im Ramaḍān in diesem Leben gefastet haben, denn ihnen wird auf Befehl Allāhs Speise und Trank aus dem Paradies gebracht werden, und sie werden keine Not kennen. Man wird eine Stimme vernehmen, die da ruft: »*Esset und trinket zum Wohlsein für das, was ihr vorausschicktet in den vergangenen Tagen!*« (Die Unvermeidliche, 69:24)

Allāh der Allmächtige allein weiß, welchen Lohn Er für die Fastenden bereithält. Daß Er auch uns einen Anteil davon geben und uns in die Schar der Glückseligen aufnehmen möge, darum beten wir alle Tage. Seine Gnade gewähre uns Vergebung! Āmīn.

TEIL II

DAS FASTEN, DAS GEBET UND MANCHERLEI MEHR

Das Gebet

»Siehe, die da glauben und das Rechte tun
und das Gebet verrichten und die Armenspende zahlen,
deren Lohn ist bei ihrem Herrn,
und keine Furcht soll über sie kommen,
und sollen nicht sie traurig sein.«
(Die Kuh, 2:277)

Der Gefährte ʿUmar, möge Allāh mit ihm zufrieden sein, berichtet: Eines Tages kam ein Beduine zum heiligen Propheten und fragte: »O Prophet Allāhs, ich sage die Shahāda – *Lā ilāha illā llāh, Muḥammadu r-rasūlu llāh* –, bete fünfmal am Tag, faste im Ramaḍān, entrichte meine Zakāt; ich stehe auch in der Nacht auf, um zu beten. Wenn ich jetzt sterben sollte, werde ich dann zu jenen gerechnet, über welche geschrieben steht: »*Und die Allāh gehorchen und dem Gesandten, die sollen sein bei denen von den Propheten und den Gerechten und den Märtyrern und den Frommen, denen Allāh gnädig gewesen.*« (Die Frauen, 4:70)

Der heilige Prophet legte die Finger seiner gesegneten Hände aneinander, hielt sie hoch und sagte: »Wahrlich, wenn du deinen Eltern oder einem anderen Knecht Allāhs nichts schuldig geblieben bist, so wirst du zu dieser Gruppe gehören.«

Der heilige Prophet hat gesagt: »Wer die fünf täglichen Gebete in Gemeinschaft betet, dem werden *fünf Dinge* gegeben: *Erstens*, er wird in dieser Welt keine Armut und, *zweitens*, im Grabe keine Strafe erleiden; *drittens*, am Tage des Gerichts gibt ihm Allāh sein Buch in die rechte Hand; *viertens*, mit Blitzesschnelle wird er die Brücke des Ṣirāṭ überqueren; *fünftens*, Allāh wird ihn ohne Strafe oder Prüfung ins Paradies versetzen.«

Er hat auch gesagt: »Das Gebet eines Mannes in der Moschee in Gemeinschaft, Jamā'a, ist vorzüglicher als vierzig Jahre Einzelgebet.«

Und er hat auch gesagt: »Das Gebet in Gemeinschaft erhält den siebenundzwanzigfachen Lohn des Einzelgebetes.«

Der heilige Prophet hat gesagt: »Am Tage der Versammlung wird der Herr die Moscheen als Schiffe erscheinen lassen, mit geblähten weißen Segeln, die nach Safran und Moschus duften. Ihre Minarette sind die Mastbäume aus grünem Topas. Der Muezzin, Gebetsrufer, wird ihr Kapitän sein und die Mannschaft die Gemeinschaft der Betenden. Diese Schiffe werden vollbeladen die Brücke des Ṣirāṭ passieren, schnell wie der Blitz. Die Engel fragen: »Wer fährt auf diesen Schiffen – sind es die Auferstandenen, sind es Menschensöhne oder Engel aus der Gottesnähe?« Die Blicke der ganzen Versammlung werden diesen Schiffen folgen. »Sind es Propheten oder Gesandte?« fragen die Engel. Dann wird man eine Stimme vernehmen, die erklärt: »Nein, es sind weder Propheten noch Gesandte, noch sind es Engel des Himmels; es sind die aus der Gemeinde Muḥammads, die beständig ihr Gebet in Gemeinschaft verrichteten.«

Ebenfalls sprach der heilige Prophet: »Am Tage des Gerichts wird meine Gemeinde versammelt werden. Eine Schar wird hervortreten, und ihre Gesichter werden leuchten wie Sterne. Die Engel fragen sie dann: ›Wer seid ihr?‹ Sie werden antworten: ›Wir gehören zu denen, die, sobald der Adhān gerufen wurde, alles stehen und liegen ließen und uns eilten, unsere Waschungen vorzunehmen und Vorbereitung zum Gebet zu treffen.‹ Dann tritt eine zweite Schar hervor, deren Gesichter leuchten wie der helle Mond in seiner Fülle. ›Und was waren eure Werke?‹ werden die Engel fragen. Sie antworteten: ›Wir vollzogen unsere Gebetswaschungen und Vorbereitungen, noch bevor der Adhān zu hören war.‹ Schließlich tritt eine dritte Gruppe hervor, deren Gesichter wie die Sonne leuchten. ›Und was habt ihr getan?‹ fragen die Engel. ›Wir saßen bereits in der Moschee und warteten auf das Gebet, als der Adhān erklang‹, werden diese zur Antwort geben.«

Der heilige Prophet sagte: »Wenn einer sich zum Gebet aufstellt und ›*Allāhu akbar*‹ spricht, dann befiehlt Allāh der Allmächtige Seinen Engeln: ›O Meine Engel, nehmt diesem Knecht die Sünden ab, denn seine Sünden gleichen einem befleckten Gewand, und es ziemt sich nicht, daß sich Mein Knecht Mir in einem schmutzigen Gewande nähert.‹ So betet denn der Knecht vor seinem Herrn in einem Zustand von Reinheit und Sündlosigkeit, als sei er gerade von seiner Mutter geboren. Wenn er sein Gebet beendet hat, fragen die Engel den Allmächtigen: ›O Herr, sollen wir ihm nun seine Sünden zurückgeben?‹ Der Herr antwortet ihnen: ›O meine Engel, bei Meiner Pracht und Preiswürdigkeit, es ist Meiner nicht würdig, daß Ich Meinem Knecht die Sündenlast wiedergebe, die Ich bereits von ihm genommen habe. Seht, Ich habe ihm vergeben.‹«

Daher sagte der heilige Prophet auch zu seinen Gefährten: »Wenn einer an einem Bache wohnt und er wäscht sich darin fünfmal am Tage, bleibt dann irgendeine Unreinheit an ihm haften?« Die Gefährten antworteten: »Nein, Rasūlullāh, keine Unreinheit bleibt bestehen.« Da sagte der heilige Prophet:

»Dies ist das Gleichnis des Gebets: Durch Seine Barmherzigkeit reinigt Allāh seinen Knecht von allen minderen Sünden, so daß er ganz rein aus seinem Gebet hervorgeht.«

So wie der heilige Prophet auch berichtete: Allāh der Allmächtige erschuf Seinen Engel Gabriel in vollkommenster Schönheit, daher wird er der »Pfau unter den Engeln« genannt. Er, der Allmächtige, gab ihm sechshundert Flügelpaare, deren Spanne vom Westen bis zum Osten reichte. Es wird erzählt, daß er, als er dem heiligen Propheten die Offenbarung brachte, seine Flügel zwischen Himmel und Erde aufspannte, nur war der Abstand etwas zu klein, so daß die Spitzen seiner gewaltigen Flügel leicht umgebogen blieben.

Eines Tages betrachtete sich der Engel Gabriel im Spiegel, und als er sein Spiegelbild erblickte, rief er voll Erstaunen aus: »O mein Herr und Gott, hast Du je ein Geschöpf vollendeter erschaffen als mich?« Der Herr antwortete und sprach: »Wahrhaftig, Mein Erzengel Gabriel, keinem Geschöpf habe Ich größere Schönheit verliehen als dir.« Da fiel Gabriel vor dem Herrn nieder und dankte Ihm, und seine Niederwerfung dauerte zwanzigtausend Jahre. – Denn die Raka'āt und Gebetsstellungen der Engel sind nicht wie die unsrigen, sie können Tausende und aber Tausende von Jahren in einer Stellung verharren. –

Als der große Engel Gabriel sich nach vierzigtausend Jahren von seinen zwei Raka'āt des Dankes erhob, hörte er die Stimme des Herrn zu ihm sprechen: »O Mein Gabriel, bei Meiner ehrfurchtheischenden Majestät und Allherrlichkeit, noch kein Gebet in all Meiner Schöpfung hat Mir je so gefallen wie das deinige; aber bei Meiner Macht und Herrlichkeit sage Ich dir: Am Ende der Zeiten wird ein Prophet auf Erden erscheinen mit Namen Muḥammad. Seine Gemeinde wird ein schwaches Volk sein; sie werden ihre Pflichtgebete voller

Fehler und Vergeßlichkeit verrichten, mit wenig Andacht und Achtsamkeit und von Sünden überladen. Aber Ich schwöre dir bei Meiner Allmacht, daß diese ihre unvollkommenen Gebete in Meiner Sicht willkommener und Mir gefälliger sein werden als die Raka'āt von vierzigtausend Jahren Dauer, die du Mir dargebracht hast!«

Der Erzengel Gabriel war darob sehr erstaunt und fragte Allāh: »O Herr, welchen Lohn verheißest Du ihnen für dieses Dir so wohlgefällige Gebet?« Allāh der Allmächtige antwortete ihm: »Ich werde ihnen dafür das Paradies geben, das *Jannat al-Ma'wā* heißt, der Garten des Aufenthalts.« »O Herr, so gib mir doch Erlaubnis, dieses Paradies zu besichtigen.«

Der Herr gab ihm Seine Erlaubnis, und Gabriel spannte all seine sechshundert Flügelpaare auf einmal auf und flog auf den Paradiesgarten zu. Jedes Mal, daß er ein Flügelpaar öffnete, flog er eine Wegstrecke von dreitausend Jahren, und wenn er es schloß, ebensoweit. Auf diese Weise flog er volle dreihundert Jahre lang. Dann versagten ihm die Kräfte, und er sank ermattet unter einen Baum des Paradieses. Er fiel in Anbetung nieder und rief zum Herrn, Allāh dem Allmächtigen: »O Allāh, Dein Diener ist schwach und Deine Allmacht unendlich. So sage mir doch: Nähere ich mich bereits dem Paradies, das Du Deinen Dienern versprochen hast, die täglich fünfmal zu Dir beten? Habe ich die halbe Strecke zurückgelegt oder ein Drittel, oder habe ich wenigstens ein Viertel des Weges überwunden?«

Da sprach der Herr zu ihm: »O Mein Engel, und würde Ich dir auch die doppelte Zahl von Flügelpaaren geben und die doppelte Kraft, und flögest du die doppelte Entfernung, die du bereits zurückgelegt, du könntest nicht einmal ein Zehntel dessen erreichen, was Ich diesen Dienern für nur zwei ihrer Raka'āt zu geben gedenke. Die ganze Strecke, die du bisher überflogen hast, ist lediglich ein winziges Eck des Paradiesgartens, den Ich für Meine Diener vorgesehen habe ... Du mit all deiner Kraft kannst nicht einmal ein Zehntel dessen erlangen, was Ich ihnen für zwei Raka'āt geben werde. Und würde Ich ihnen alle acht Gärten des Paradieses schenken, so glaubte Ich immer noch, in ihrer Schuld zu stehen«. So sprach der erhabene Herr.

Von so hohem Wert sind unsere Gebete in der Sicht des Allmächtigen, gepriesen sei Er ewiglich.

Der heilige Prophet sagte wiederum: Allāh sprach zu mir und sagte: »Wer *drei Dinge* einhält, der ist Mein wahrer Freund, und wer dagegen handelt, der ist Mein wahrer Feind.« »Welches sind diese Dinge, o Rasūlullāh?« fragten die Gefährten. »Deren *erstes* ist das Gebet, das *zweite* das Fasten des Ramaḍān und das *dritte* die Säuberung von (ritueller) Unreinheit. Diese drei Dinge sind dem Knecht Gottes ein von seinem Herrn anvertrautes Gut. Wenn er es getreulich pflegt, wird ihn sein Herr mit Seiner Freundschaft begnaden.« (*Ḥadīth qudsī*)

Das heißt, Er wird ihn zu einem Seiner Heiligen erheben.

Mu'ādh bin Jabal berichtet vom Gefährten Jabir, der sich erinnert, was der heilige Prophet ihm erzählt habe: Als der heilige Prophet in der Nacht seiner Himmelfahrt, *Mi'rāj*, die Himmel besuchte, sah er dort die Engel die verschiedenen Gebetsstellungen und Andachtsformen ausüben. Die Engel des ersten Himmels wiederholten vom Tage ihrer Erschaffung an fortwährend den heiligen Gottesnamen im *Dhikru llāh*, sie befanden sich dabei in der aufrechten Stellung des Qiyām. Die Engel des zweiten Himmels beugten sich in der Stellung des Rukū' seit dem Tage ihrer Erschaffung. Am Tage des Gerichts werden diese Engel sprechen: »O Herr, wir waren unfähig, Dich in gebührender Weise zu verehren.« Die Engel des dritten Himmels befanden sich in Sajda, der Niederwerfung, seit dem Tage ihrer Erschaffung.

Als der heilige Prophet zu ihnen kam und sie grüßte, hoben sie die Köpfe und erwiderten seine Friedensgrüße, dann ließen sie den Kopf wieder fallen. Deswegen besteht das Gebet der Muslime aus einer zweimaligen Sajda. Die Engel des vierten Himmels rezitierten das *at-Tahiyyātu'-Du'ā'*. Die Engel des fünften Himmels trugen Tasbīḥ vor: »*Subḥānaka*«, die des sechsten Himmels Takbīr: »*Allāhu akbar*« und die des siebten Himmels Tahlīl: »*Lā ilāha illā llāh*«. Dem heiligen Propheten gefielen diese Formen der Verehrung über die Maßen, daß er den Herrn bat, seiner Gemeinde ein Gebet mit diesen Stellungen zuteil werden zu lassen. Der Herr erhörte seine Bitte und lehrte ihn das Gebet, wie es die Muslime seither beten.

Wenn jemand das Gebet mit all seinen Feinheiten einhält, das heißt, unter Beachtung all seiner Farḍ-, Sunna- und Wājib-Vorschriften (der notwendigen Pflicht, der Prophetentradition und der geziemenden Pflicht), dann wird ihn Allāh der Allgütige mit dem Lohn bedenken, den Er Seinen himmlischen Heerscharen gibt, die Ihn seit dem Tage ihrer Erschaffung also anbeten. Und Er wird ihn zu einem Seiner nahen Vertrauten erheben: in die Gemeinschaft der Heiligen.

Die zwölf Farḍ-Bedingungen des Gebets

DIESES sind die zwölf Farḍ-Bedingungen des Gebets:

1. Säuberung von ritueller Unreinheit (*Wuḍū'*).
2. Die Kleidung und der Gebetsplatz müssen frei von Verunreinigungen (durch Blut, Kot, Urin, Samen usw.) sein.
3. Die Gebetszeit: Es ist wichtig, die Gebetszeit einzuhalten; ein Gebet, das vor dem *Adhān*-Ruf verrichtet wird, muß wiederholt werden.
4. Das Ausrichten nach der *Qibla*: Man muß sich sorgfältig vergewissern, zum Beispiel mit Hilfe eines Kompasses, wo die Gebetsrichtung liegt.
5. Das Bedecken des Körpers: Zu den Körperteilen, die nach dem Gesetz in der Öffentlichkeit bekleidet sein müssen, zählt bei Männern der Bereich zwischen dem Nabel und den Knien; bei Frauen der ganze Körper mit Ausnahme der Hände, Füße und des Gesichts. Dabei ist zu beachten, daß das Haupthaar vollständig bedeckt sein muß. Eine Frau muß sich von den Haarwurzeln über der Stirn, über die Ohren bis unter das Kinn verhüllen. Die Ärmel der Kleidung müssen lang sein, bis auf die Handgelenke reichen, und ebenso müssen die Knöchel vom Kleid bedeckt sein.
6. Die Intention des Gebets: Es ist nötig, für das Gebet (Farḍ oder Sunna) der jeweiligen Tageszeit eine ausdrückliche Absicht zu fassen.

Nach dieser Vorbereitung beginnt das eigentliche Gebet:

7. Die Eröffnung: »*Allāhu akbar*«. Dabei werden die Hände mit den Handflächen nach außen vom Körper weg erhoben, und zwar führen Männer die Daumen bis hinter die Ohrläppchen, während Frauen die Hände so weit heben, daß die Fingerspitzen sich auf Schulterhöhe befinden. Man achte darauf, daß Gesicht und Handflächen der Qibla zugewandt sind.
8. *Qiyām*: die stehende Gebetsstellung. Man sollte immer versuchen, so weit wie möglich den Qiyām einzuhalten, da ein im Sitzen ausgeführtes Gebet nur den halben Lohn empfängt.
9. Vortragen der *Fātiḥa*.
10. *Rukū'*: Man verbeugt sich mit ausgestreckten Armen so, daß die Handflächen die Kniescheiben umschließen. Der Rücken sollte dabei gerade gehalten werden, möglichst waagerecht. Ein Teller mit Wasser sollte darauf stehen können, ohne daß das Wasser verschüttet wird.
11. *Sajda*: In der Sajda berühren sieben Körperteile die Erde: die Stirn, die Handinnenflächen, die Knie und die Zehenspitzen. Die Ellbogen liegen nicht dem Boden auf. Die Hände werden gerade so weit auseinandergestellt, daß das Gesicht dazwischen Platz hat. Männer spreizen oder winkeln die Ellbogen etwas vom Körper ab, Frauen drücken sie näher an den Körper heran, das heißt, die Ellbogen sollten auf die Schenkel gedrückt werden (oberhalb der Knie). Allgemein sollte diese Haltung eher geduckt sein, das heißt, das Gesäß in die Nähe der Fersen gebracht werden.
12. Das Sitzen, *Qa'ada*, am Schluß des Gebets, während dem man »*at-Taḥiyyātu*« rezitiert.

Dieses sind die *Farḍ*-Bedingungen des Gebets, darüber hinaus gibt es noch viele Einzelheiten, die zur *Sunna* oder den *Wājib*-Regelungen gehören.

Der heilige Prophet sagte über das Gebet: »Das Gebet ist Allāhs Wohlgefallen, die Sunna der Propheten, die Liebe der Engel, die Wurzel allen Wissens und die Quelle des Glaubens; das Gebet ist die Ursache, daß Fürbitte erhört wird, es ist der Segen auf dem mit erlaubten Mitteln erworbenen Brot und eine Waffe gegen den Feind.«

Das Gebet des Muslims ist Schaitan, dem Verfluchten, vor allen anderen Dingen verhaßt. Das Gebet ist der Fürsprecher zwischen dem Muslim und dem Todesengel. Wenn 'Azrā'īl sich naht, um eines Menschen Seele zu entreißen, stellt sich dessen Gebet dazwischen und leistet Fürbitte, auf daß er die Pein des Todes nicht spüre. Das Gebet ist ein Licht im Grabe, und am Tage der Auferstehung wird es ihn wie ein Schatten bedecken. Das Gebet ist eine Krone für sein Haupt und ein Gewand für seinen Leib. Es ist wie ein Schleier zwischen dem Muslim und der Hölle und auch wie ein Netz, mit dem er seine guten Taten vor die Göttliche Gegenwart ziehen kann. Es ist ein Bürge für den Muslim vor seinem Herrn und der Grund für seine sichere Überqerung der Brücke des Ṣirāṭ. Das Gebet ist der Schlüssel zum Paradies.

Der heilige Prophet berichtet: »Am Jüngsten Tage wird ein Geschöpf der Hölle entschlüpfen, welches man Ḥarish heißt. Seine Gestalt wird die eines riesenhaften Skorpions sein, und es ist so hoch wie der Abstand zwischen Himmel und Erde und so lang wie der zwischen Ost und West. Gabriel wird zu diesem Geschöpf sprechen und sagen: ›Ey, Ḥarish, wo gehst du hin? Wen suchst du?‹ Ḥarish wird zur Antwort geben: ›Ich bin auf dem Wege nach 'Arafāt, wo mir fünferlei Muslime ausgeliefert werden: solche, die ihr Gebet vernachlässigt, und solche, die ihre Zakāt nicht entrichtet haben, sodann jene, die ihren Eltern gegenüber nicht gehorsam waren, und die nicht vom Alkohol lassen konnten, und schließlich jene, die in den Moscheen von weltlichen Dingen sprachen.‹ Darum steht auch geschrieben: ›*Und die Moscheen sind Allāhs, und rufet niemand' außer Allāh an.*‹« (Die Dschinn, 72:18)

Der Wuḍū',
die rituelle Reinigung

Es gibt vier Farḍ des Wuḍū':

1. Das Gesicht einmal zu waschen: von den Haarwurzeln der Stirn, den Wangen bis zu den Ohren und unter dem Kinn. Das Gesicht zweimal zu waschen ist Wājib, und dreimal ist Sunna.
2. Die Arme bis zu den Ellenbogen einmal zu waschen ist Farḍ, zweimal ist Wājib, dreimal ist Sunna. Man achte darauf, daß schon beim ersten Waschen der ganze Arm naß ist, nicht ein Haar darf trocken bleiben.
3. Der Kopf: mit tropfnassen Fingern fährt man über das vordere Viertel des Kopfes, die Finger dabei spreizend, so daß auch die Haarwurzeln und die Kopfhaut benetzt werden.
4. Die Füße werden bis zu den Knöcheln gewaschen einschließlich der Ferse und zwischen den Zehen.

Aus welchem Grund ist es Farḍ, diese vier Körperteile zu waschen? Als unser Vater Adam mit Eva im Paradiese weilte, gab sie ihm von der verbotenen Frucht zu essen. Er ging mit seinen Füßen auf sie zu, wandte sein Gesicht, um sie anzusehen, streckte seine Hand nach ihr aus, und nachdem er davon gegessen hatte, schlug er sich vor Reue die Hand an den Kopf. Deshalb ist es Farḍ, diese vier Körperteile vor dem Gebet zu waschen, damit ihnen keine Sünde anhafte.

Das dreimalige Ausspülen von Mund und Nase ist Sunna. Ebenso ist es Sunna, sich während der Mundspülung vorzunehmen, keine bösen Reden mehr zu führen oder gar Lüge und Verleumdung; während man die Nase spült, beabsichtigt man die Reinigung von allen unliebsamen Gerüchen, die man willentlich oder unfreiwillig eingesogen hat; und wenn man sein Gesicht wäscht, hofft man, all die verbotenen Blicke und Eindrücke wegzuwaschen, die man vielleicht empfangen hat; man wäscht seine Hände und bereut alles Verbotene, das man damit berührt oder ergriffen hat, und beim Waschen der Füße jeden Schritt, den man auf Allāh Verhaßtes zu getan hat.

Man sollte sehr darauf achten, daß bei dieser Wuḍū'-Wäsche kein Stückchen Haut oder Haar trocken bleibt. Wenn man den Kopf mit den Fingern reibt, führt man die kleinen Finger der Hände in die Ohren hinein, ohne die Finger nochmals genäßt zu haben, und mit dem Daumen reibt man an der Rückseite des Ohres entlang. Mit den verbleibenden drei Fingern streicht man entlang seinem Nacken. Wer sich diese Sunna zu eigen macht, der wird am Tage des Gerichts vor mancherlei Strafe sicher sein – wie dem geschmolzenen Blei, das den Sündern in die Ohren gegossen wird, oder den Haken der Höllenwächter, die sie in Feuer ziehen.

Wer nach dem Wuḍū' zwei Raka'āt zu Ehren dieser Reinigung betet, den läßt Allāh, *inshā'allāh*, so rein und sündenfrei werden wie ein neugeborenes Kindlein.

Der heilige Prophet hat gesagt: »Allāh der Allmächtige wird am Tag des Gerichts der Gemeinde Muḥammads die Vorzüge von vier heiligen Propheten dafür geben, daß sie bei ihrer Gebetswaschung vier Körperteile waschen mußten:

Für das Waschen des Gesichts verleiht Er ihnen die Schönheit Yūsufs عليه السلام – sie werden in seinem Licht und seiner Schönheit erstrahlen.

Für das Waschen ihrer Hände gibt Er ihnen ihre Bücher in die rechte Hand – so wie Er zu Mūsā عليه السلام sprach: ›Nimm es mit deiner Rechten.‹

Für das Waschen des Kopfes schenkt Er ihnen eine Krone der Herrlichkeit, wie Er sie dem Propheten-König Sulaymān عليه السلام verlieh.

Und für das Waschen ihrer Füße wird Er sie auf dem himmlischen Burāq reiten lassen, wie ihn der selige Prophet Muḥammad ﷺ bei seiner Himmelsreise bestieg, und sie darauf zum Versammlungsplatze des Gerichts führen.«

Der Ghusl, die Ganzwaschung

Es gibt drei Farḍ des Ghusl:

1. Zunächst die Waschung wie nach dem Toilettengang.
2. Wuḍū' mit dreimaliger Spülung von Mund und Nase.
3. Dreimaliges Begießen des ganzen Körpers mit Wasser. Erst gießt man das Wasser über die rechte Hälfte, dann über die linke, danach über den Kopf, oder aber man wäscht den Kopf zuerst. Dieses tut man dreimal, aber auch schon beim erstenmal muß alles naß geworden sein, dies ist Farḍ. Die zweite und dritte Waschung sind ebenfalls Farḍ.

Der Ghusl braucht nicht täglich wiederholt zu werden, sondern besonderer Gründe wegen (nach Beendigung der Monatsregel, dem Geschlechtsverkehr usw.). Sunna ist der Ghusl vor dem Jum'a-Gebet. Immer wird der Ghusl auf dieselbe Art und Weise ausgeführt.

Die Gebetshaltungen

WENN EINER sein Wuḍū' gemacht hat und betend vor seinem Herrn steht, spricht der Herr zu ihm und sagt: »O Mein Diener, Ich bin dein Herr, und du bist Mein Knecht. Du näherst dich Mir in vielerlei Formen der Andacht, und Ich werde dir die vielfachen Freuden Meines Paradieses nicht versagen, denn das Gebet heißt auch ›das Hochzeitsfest der Anbetung‹.«

Was bedeutet Hochzeitsfest in diesem Zusammenhang? Im Gebet kommen viele Formen und Stellungen zusammen, es besteht aus Stehen und Sprechen, Beugen und Verneigung, der Betende ist mit seinem ganzen Herzen und all seinen Sinnen beim Gebet – darum wird es Hochzeitsfest genannt. Wenn wir beten, sprechen wir den Takbīr: *Allāhu akbar*, danach tun wir keinen Schritt mehr und halten inne. Unsere Hände sind gefaltet, wir stehen auf der Stelle, unsere Augen sind auf den Ort der Sajda geheftet, die Zunge spricht nur die heiligen Worte des Qur'ān – all unsere Glieder sind auf das Gebet gesammelt und beten mit.

احمد A-Ḥ-M-D

Qiyām (Stehen) – *alif*   *Rukū'* (Beugen) – *ḥā'*
Sajda (Niederwerfung) – *mīm*   *Qa'ada* (Knien) – *dāl*

Im *Qiyām*, der stehenden Stellung des Gebets, ähnelt der menschliche Körper dem arabischen Buchstaben Alif, einem geraden Strich, dem ersten Buchstaben des heiligen Gottesnamens Allāh. Mit dieser Stellung drücken wir aus, daß wir die Diener Allāhs sind. Wenn wir in *Sajda* niederfallen, beschreibt unser Körper den Namen Seines Propheten Muḥammad ﷺ: Unser Kopf stellt das erste *mīm* dar, unser zusammengefalteter Rumpf das *ḥā'*, die Knie das zweite *mīm* und die aufgestellten Füße das *dāl*. Damit sagen wir aus, daß wir zur Gemeinde des hochgelobten Propheten Muḥammad gehören, Allāh sei Preis und Dank dafür.

محمد M-Ḥ-M-D

Darum wird ein Mensch nie in seiner menschlichen Gestalt in die Hölle geworfen. Wer standhaft seine fünf täglichen Gebete verrichtet, der wird auch in seiner menschlichen Form auferweckt werden.

Der heilige Prophet ﷺ sprach: »Es gibt in meiner Gemeinde solche, deren Gebet nicht angenommen wird:

Erstens, wer betet, ohne die Fātiḥa zu rezitieren; *zweitens*, ein solcher, der zwar betet, seine Zakāt aber nicht entrichtet; *drittens*, einer, der als Imām vorbetet, von seiner Gemeinde aber nicht erwünscht ist; *viertens*, ein ungehorsamer Sklave; *fünftens*, ein unverbesserlicher Weintrinker; *sechstens*, die Frau, deren Mann nicht mit ihr zufrieden ist; *siebtens*, eine Frau, die nicht hinreichend bedeckt ist; *achtens*, einer, der zwar betet, dessen Gebet ihn aber nicht vor Unerlaubtem zu schützen vermag. Am Tage des Gerichts wird ihm sein Gebet wie ein alter Lappen ins Gesicht geworfen werden, so wie es geschrieben steht: *Siehe, das Gebet hütet vor Schandbarem und Verbotenem.* (Die Spinne, 29:45)«

Das Gebet, das ihn nicht vor Unerlaubtem und Unstatthaftem bewahrt hat, ist ein wertloses Gebet und ist von Gott nicht angenommen worden. Möge Allāh uns vor solchem bewahren!

Vier Dinge, die zu beachten sind

'ĀISHA, die Frau des heiligen Propheten, berichtet: Eines Tages kam der heilige Prophet zu mir, als ich gerade ins Bett gehen wollte. Er sagte: »O 'Ā'isha, *vier Dinge* mußt du tun:

Erstens mußt du den gesamten Qur'ān lesen – Khatm;

zweitens mußt du dir die Fürsprache aller Propheten sichern;

drittens mußt du Sorge tragen, daß deine Eltern und alle Muslime zusammen mit dir zufrieden sind; und

viertens mußt du den Ḥajj und die 'Umra ausführen.«

Dann stellte er sich zum Gebet hin, und ich war verwirrt und grübelte. Als er sein Gebet beendet hatte, fragte ich ihn: »O Prophet Allāhs, du hast mir diese vier Dinge anempfohlen, aber die Zeit ist sehr kurz; wie soll ich all das nur ausführen können?«

Der heilige Prophet lächelte und sprach: »O 'Ā'isha, wenn du vor dem Schlafengehen dreimal die Sure Ikhlāṣ (*Qul hū* ...) aufsagst, so ist es, als hättest du den ganzen Qur'ān gelesen; wenn du folgendes Du'ā' sprichst, so wird jeder Prophet, der am Jüngsten Tag vor dir erscheint, dein Fürsprecher sein:

Allāhumma ṣalli 'alā sayyidinā Muḥammadin
wa 'alā sayyidinā Ādama
wa 'alā sayyidinā Nūḥin
wa 'alā sayyidinā Ibrāhīma
wa 'alā sayyidinā Mūsā
wa 'alā sayyidinā 'Īsā

wa mā baynahum min an-nabiīnā wa l-mursalīn
ṣalawātu llāhi wa salāmun ʻalayhim ajmaʻīn.
›O unser Gott,
schicke Segen auf unseren Herrn Muḥammad
und auf unseren Herrn Adam
und auf unseren Herrn Noah
und auf unseren Herrn Abraham
und auf unseren Herrn Moses
und auf unseren Herrn Jesus
sowie auf die zwischen ihnen
von unseren Propheten und Gesandten –
der Segen Allāhs und Frieden seien auf ihnen allen.‹

Drittens, wenn du diesen Vers sprichst, wirst du das Wohlgefallen deiner Eltern und der Muslime alle dir zu eigen machen:
Rabbanā ighfirlī wa li-wālidayya
wa li-l-mu'minīna yawma yaqūmu l-ḥisāb.
›Unser Herr, vergib mir und meinen Eltern
und den Gläubigen am Tag der Rechenschaft.‹
(Abraham, 14:41)

Und viertens, wenn du dieses Gebet sprichst, wirst du den Lohn eines Ḥajj und einer ʻUmra erhalten:
Subḥāna llāhi wa l-ḥamdu li-llāhi
wa lā ilāha illā llāh wa llāhu akbar
wa lā ḥawla wa lā quwwata illā bi-llāhi l-ʻaliyyi l-ʻaẓīm.
Lob sei Gott und Preis sei Gott,
und kein Gott außer Gott, und Allāh ist überaus groß.
Und keine Kraft und keine Macht außer Allāh,
dem Hohen, dem Gewaltigen.

Die Lobgebete auf den heiligen Propheten: Ṣalawāt

Es ist üblich, nach der Erwähnung des Namens Muḥammad eine Lobesformel auszusprechen, am häufigsten diese: *ṣalla llāhu ʿalayhi wa sallam*, etwa: »Allāh gebe ihm Heil und Frieden« oder: »Heil und Friede seien auf ihm!« Darüber hinaus gibt es die Empfehlung, so oft wie möglich Heil- und Segenswünsche auf den heiligen Propheten auszusprechen, welche Übung Ṣalawāt genannt wird und von großem Verdienst ist. Viele Ḥadīthe belegen dies.

Ibn ʿAbd ar-Raḥmān ibn ʿAuf berichtet, daß der heilige Prophet gesagt habe: »Allāh sagt: Wenn einer deiner Gemeinde beginnt, Ṣalawāt für dich zu sagen, o Muḥammad, dann heben siebzigtausend Engel im Himmel an, für ihn zu beten und um Vergebung zu bitten; und für wen die Engel beten, der ist des Paradieses würdig.«

Ibn Masʿūd berichtet vom heiligen Propheten: »Der ist mir am nächsten und den liebe ich am meisten, der am meisten Ṣalawāt auf mich ausspricht.«

Und er sprach: »Wer am Jumʿa (Freitag) hundert Ṣalawāt auf mich sagt, dessen Sünden werden ihm vergeben, und seien sie auch so zahlreich wie der Schaum auf dem Meere.«

Eines Tages kam ein junger Mann zum heiligen Propheten. Der heilige Prophet bat seinen engen Freund und Gefährten Abū Bakr, ihm den Platz an seiner Seite zu überlassen. Nachdem der junge Mann gegangen war, bat er den Abū Bakr um Entschuldigung und sagte: »O Abū Bakr, vergib mir, daß ich diesem Jüngling den Vorrang vor dir gegeben habe. Keiner in meiner Gemeinde gibt mehr Ṣalawāt als du, aber die Ṣalawāt, die dieser junge Mensch auf mich ausspricht, sind die schönsten, die ich je gehört habe.« Da fragte man den heiligen Propheten: »Wie gibt er Ṣalawāt?« Der heilige Prophet gab zur Antwort:

»Des morgens und abends sagt er:

›O Allāh, segne Muḥammad und sein Haus in jedem, der ihn segnet.

O Allāh, segne Muḥammad und sein Haus für alle, die ihn nicht segnen.

O Allāh, segne Muḥammad und sein Haus, so wie es gefällig ist, daß man ihn segne.

O Allāh, segne Muḥammad und sein Haus, so wie es sich gehört, daß man ihn segne.‹

Darum, o Abū Bakr, habe ich ihn auf dem Ehrenplatz sitzen lassen.«

Diese Ṣalawāt sind auch im *Dalā'il al-Khayrāt* von Jazūlī enthalten.

Der Vorzug der Gemeinde Muḥammads

Am Jüngsten Tag werden alle Menschen beim Namen ihres Propheten aufgerufen; allein die Gemeinde Muḥammads wird Allāh der Allmächtige besonders ehren, indem Er sie als Seine Freunde zu Sich ruft: »*Yā awliyā'ya*« – »O Meine (Herzens-) Freunde!«

Preis und Dank sei Allāh für alles Vergangene und Künftige, und Heil und Friede über Seinem auserwählten Propheten Muḥammad Muṣṭafā, und Allāhs Segen sei auf allen Gläubigen! Āmīn. Āmīn. Āmīn.

Wa min allāh at-tawfīq

Besondere Übungen und Gebete in den heiligen Monaten

Rajab

täglich:

2500 *Istaghfiru llāh*
Ich bitte Allāh um Vergebung

1000 *Lā ilāha illā llāh*
Kein Gott außer Allāh

100 *Lā ilāha illā llāh, Muḥammadu r-rasūlu llāh*
Kein Gott außer Allāh,
Muḥammad ist der Gesandte Allāhs

über den Monat verteilt:

30 Paare mit je zwei Raka'āt (nach der *Fātiḥa* einmal *Qul yā ayyuha l-kāfirūn*, Sure 109, und dreimal *Qul hū*, Sure 112)

16000 *Yā Laṭīf* (*laṭīf*: fein, freundlich, sanft; Schöner Name Allāhs)

1.-10. Rajab:

100 *Subḥāna llāh al-ḥayy al-qayyūm*
Lob sei Allāh, dem Lebendigen, dem Beständigen

11.-20. Rajab:

100 *Subḥāna llāh al-aḥad aṣ-ṣamad*
Lob sei Allāh, dem Einzigen, dem Ewigen

21.-30. Rajab:

100 *Subḥāna llāh ar-ra'ūf*
Lob sei Allāh, dem Gütigen

Sha'bān

täglich:

100	*Istaghfiru llāh* Ich bitte Allāh um Vergebung
2500	*Allāhumma ṣalli 'alā Muḥammadin wa 'alā āli Muḥammadin wa sallim* O Allāh, schicke Segen auf Muḥammad und auf die Familie Muḥammads und Frieden
1000	*Lā ilāha illā llāh* Kein Gott außer Allāh
100	*Lā ilāha illā llāh, Muḥammadu r-rasūlu llāh* Kein Gott außer Allāh, Muḥammad ist der Gesandte Allāhs

Ramaḍān

täglich:

1000	*Qul hū* (Sure 112)
1000	*Lā ilāha illā llāh* Kein Gott außer Allāh
100	*Lā ilāha illā llāh, Muḥammadu r-rasūlu llāh* Kein Gott außer Allāh, Muḥammad ist der Gesandte Allāhs

Weitere Titel von Amina Adil unter:
www.spohr-publishers.com